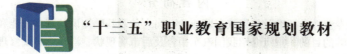

"十三五"职业教育国家规划教材

汽车维修基础
（第2版）

主　编　崔明官　任家林
副主编　张　宪　蔡君刚　赵德利　张柏森　聂义风
参　编　井忠维　曲鸿雁　赵显礼　曲青飞

北京理工大学出版社
BEIJING INSTITUTE OF TECHNOLOGY PRESS

内 容 简 介

本书根据汽车类专业教学标准及从事汽车职业的在岗人员对基础知识、基本技能和基本素质的需求，结合汽车专业人才培养的目的，重点介绍我国汽车销售及后市场现状、汽车维护及修理基础知识、汽车修理工要求及 7S 管理、汽车维修接待、汽车维护与修理常用工具和量具、汽车维护与修理常用检测工具、汽车运行材料等内容。

全书讲解清晰、简练，配有大量的图片，明了直观。本书按照模块化教学的实际需求，理论联系实际，重视理论，突出实操。

本书适合作为职业院校汽车专业教材，也可作为汽车售后服务站专业技术人员的培训教材。

版权专有　侵权必究

图书在版编目（CIP）数据

汽车维修基础 / 崔明官，任家林主编 . —2 版 . —北京：北京理工大学出版社，2019. 11（2022.7 重印）

ISBN 978-7-5682-7858-4

Ⅰ.①汽…　Ⅱ.①崔…②任…　Ⅲ.①汽车-车辆修理　Ⅳ.① U472.4

中国版本图书馆 CIP 数据核字（2019）第 243412 号

出版发行 / 北京理工大学出版社有限责任公司
社　　址 / 北京市海淀区中关村南大街 5 号
邮　　编 / 100081
电　　话 /（010）68914775（总编室）
　　　　　（010）82562903（教材售后服务热线）
　　　　　（010）68944723（其他图书服务热线）
网　　址 / http://www.bitpress.com.cn
经　　销 / 全国各地新华书店
印　　刷 / 北京佳创奇点彩色印刷有限公司
开　　本 / 787 毫米 × 1092 毫米　1/16
印　　张 / 12.25　　　　　　　　　　　　　　　　　　责任编辑 / 陆世立
字　　数 / 255 千字　　　　　　　　　　　　　　　　　文案编辑 / 陆世立
版　　次 / 2019 年 11 月第 2 版　2022 年 7 月第 2 次印刷　责任校对 / 周瑞红
定　　价 / 42.50 元　　　　　　　　　　　　　　　　　责任印制 / 边心超

图书出现印装质量问题，请拨打售后服务热线，本社负责调换

前言

截至 2019 年 6 月，我国汽车保有量已经突破了 2.5 亿辆。在这种形势下，汽车维修、售后服务以及汽车销售人才所存在的缺口问题越来越严重。特别是建立在先进传感技术基础上的故障诊断系统在各种汽车上大量应用之后，各种现代化检测诊断仪器和维修技术也应运而生，现代汽车已发展成为机电一体化的高科技载体。这给汽车维修业带来了极大的机遇和挑战，同时也对汽车维修人员的技术水平提出了更高、更新的要求。

同时，为了解决学生学不懂、学习兴趣不浓、教材内容枯燥乏味，老师不好教等问题，北京理工大学出版社特邀请一批知名行业专家、学者以及一线骨干老师结合新的专业教学标准，出版了该套图解版汽车职业教育系列教材。

本系列教材坚持如下定位：

◇以就业为导向，培养学生的实际运用能力，以达到学以致用的目的；

◇以科学性、实用性、通用性为原则，以使教材符合职业教育汽车类课程体系设置；

◇以提高学生综合素质为基础，充分考虑对学生个人能力的提高；

◇以内容为核心，注重形式的灵活性，以便于学生接受。

本系列教材坚持理论知识图解化的基本理念，教材配有大量的插图、表格和立体化教学资源，介绍了大量的故障诊断、维修服务和营销案例。

◇在内容上强调面向应用、任务驱动、精选案例、严控质量；

◇在风格上力求文字简练、脉络清晰、图表明快、版式新颖；

◇在理论阐述上，遵循"必需""够用"的原则，在保证知识体系相对完整的同时，做到知识讲解实用、简洁和生动。

本书共分为 7 个课题，重点介绍我国汽车销售及后市场现状、汽车维护及修理基础知识、汽车修理工要求及 7S 管理、汽车维修接待、汽车维护与修理常用工具和量具、汽车维护与修理常用检测工具、汽车运行材料等内容。

本书图文并茂、通俗易懂，适合作为职业院校汽车专业教材，也可作为汽车售后服务站专业技术人员的培训教材。

由于作者水平有限，书中可能会有疏漏和不妥之处，欢迎读者批评指正。

编　者

思政教学设计方案

"汽车维修基础"课程作为交通运输类专业人才培育过程中的重要环节,课时长、影响大,对学生的职业认知、职业认可、职业观念树立等都有着潜移默化的影响。教材将与"汽车维修基础"相关课程的思政元素进行了罗列,形成了"汽车维修基础"课程思政设计案例,将思政内容与专业教学内容结合,将"工匠精神、创新精神、理想信念、社会主义核心价值观"等落实、落细、落微于任务教学过程中,使学生通过教学环节的学习,能够进一步化识成智、积识成德,将学习成才和健康成长相互融合统一。在任务实施过程中以劳动最光荣、劳动有价值、劳动塑品格,及细节决定成败、精益求精、严谨专注、持续创新等为核心的工匠精神的追求和体现,潜移默化地融于训练过程,实现润物无声的思政育人效果。

一、课程思政的重点——关注学生职业素养的培养

在各个教学环节无缝融入课程思政元素,重点培养学生以下职业素养。
1. 守纪律、讲规矩、明底线、知敬畏;
2. 安全无小事,增强安全观念,遵守组织纪律;
3. 培养学生的质量和经济意识;
4. 领悟吃苦耐劳、精益求精等工匠精神的实质;
5. 培养动手、动脑和勇于创新的积极性;
6. 培养学生耐心、专注的意志力;
7. 培养安全与环保责任意识;
8. 培养学生严谨求实、认真负责、踏实敬业的工作态度。

二、融入"课程思政"教学内容

丰富任务实施的教学形式,确保专业教学与德育育人目标相结合。以"短视频""讲案例""提问题"等形式来促进学生"看、学、思、悟、用"的深度互动以及课堂趣味性的提升。根据每个课题的内容方向确定相关思政目标,精选案例供师生们借鉴,各项目课题及思政案例下表所示。

各课时思政目标及案例推荐

序号	项目课题	课程思政目标及案例
1	我国汽车销售及后市场现状	1. 爱国：我国汽车发展历史； 2. 自强：国产汽车品牌的崛起（红旗、吉利并购沃尔沃、比亚迪、奇瑞等品牌崛起）； 3. 自信：从传统汽车的跟跑到新能源汽车的领跑
2	汽车维护及修理基础知识	1. 工匠：陶巍，从修理工成就的大国工匠； 2. 钻研：龚杜弟，汽车内饰探路者
3	汽车维修工要求及7S管理	1. 认真：杨再研，汽修女工匠； 2. 爱国、细致：39岁年轻大国工匠，拒绝外企、服务国家，一天工资能买一辆车
4	汽车维修接待	拼搏：全国职业院校技能大赛-汽车营销
5	汽车维护与修理常用工具和量具	1. 精益求精：张国强，一名操作方向盘的汽车兵，到引领技术创新的"汽车人"； 2. 攻坚克难：徐小平——"汽车心脏"的守护者
6	汽车维护与修理常用检测工具	1. 敬业：福田全球最大运输车，重量高达2700吨,轻松运输航天火箭； 2. 专注：元征诊断仪，多年专注汽车检测维修工具，目前产销量世界排名第一
7	汽车运行材料	1. 创新：宁德时代，从跟跑到领跑全球新能源汽车电池材料； 2. 坚持：福耀玻璃，坚持只做好一件事，四十年只研究汽车玻璃，目前全球第一

汇总该门课程思政的内容，本着"爱国""敬业""专注""创新""坚持"等新时代课程思政元素，将总体分为三个部分。

1. 挖掘历史文化，建立文化自信

选取素材，展示我国古代在手工制造领域的先进人物和案例，建立学生的文化自信，实现课程思政的"看""学"。

（1）中国汽车发展史

从建国初期的"汽车世界博物馆"到如今的自主品牌出口汽车制造发达国家。将学生身边能切身体会到的自主品牌、合资品牌与国外品牌对比，建立民族汽车品牌自豪感，提升文化自信。

（2）历史人物

通过中国汽车历史十大风云人物来展示如何通过科学技术使得我国汽车工业实现从无到有、从弱到强的历史进程。

①饶斌（一汽）："中国汽车之父"；②苗圩（东风）：从东风汽车到工信部，立足全球事业布局中国汽车工业；③李书福（吉利）：风起于青萍之末；④魏建军（长城）：进入国际市场前三名；⑤王传福（比亚迪）：Build Your Dreams；⑥徐留平（一汽红旗）：逆流而上 路阻且长；⑦曹德旺（福耀）："我是企业家，不是富豪"；⑧王侠：让全国各地的车展火起来；⑨郭孔辉：

中国汽车轮胎力学的主要奠基人；⑩孙逢春：中国电动汽车领域的先行者。

2.《大国工匠》案例引入工匠精神

根据汽车行业的《大国工匠》，共同学习并思考每个工匠的成长历程，帮助学生树立"技能成才、技能立身、技能强国"的理念，让学生在学习过程中，将思政元素入脑入心，落到行动上，通过案例激发学生的学习积极性、主动性，从学生时期培育工匠精神。实现课程思政元素的"学"和"思"。

3．开展课程思政的师生研讨

在6个主题中选取2～3个主题研讨课程思政元素的"悟"和"用"。就中华民族伟大复兴的强国梦的征程上，新时代青年的使命与担当进行分析讨论。

<u>主题1：你心中的职业榜样是什么样？试结合典型人物、事件和案例进行说明。</u>

要求：

（1）激发和弘扬榜样的爱国精神、民族意识、职业精神，让学生积极参与到思政育人环节中来。

（2）正确引导学生的职业认知与职业选择，塑造精益求精、追求卓越的理想。

<u>主题2：《中国制造2025》呼唤大国工匠。</u>

要求：

（1）精选《大国重器》《大国工匠》有关汽车的片段推送观看。

（2）让学生了解从事汽车维修行业的意义。

（3）大国工匠引领，激发学生学习兴趣和精益求精的工匠精神。

<u>主题3：新能源汽车中国时代来临，我们作为汽修人如何应对这一变化？</u>

要求：

（1）解惑，国家为什么要发展新能源汽车？帮助学生站在国家发展的高度上思考新能源汽车的发展趋势，从而确定自身专业发展的方向。

（2）结合国家发展、行业应用等现实情况进行归纳总结"我们如何应对这一变化"。

（3）根据新能源汽车维修行业的要求，我们在学生时期应该准备什么？如何在产业快速变化过程中紧跟时代步伐。

<u>主题4："一起来为中国制造打CALL！"我们应该做些什么？</u>

要求：

（1）结合项目实施中自己所得、所学、所感，谈谈未来能做的事情。

（2）结合项目实施过程的要求与训练，谈谈自己思想转变的情况。

<u>**主题 5**</u>：<u>"一起来为中国汽车打 CALL！"，我是一名。</u>

要求：

（1）结合项目实施中自己所得、所学、所感，谈谈未来自己的专业发展方向；

（2）结合学习内容，谈谈自己思想转变的情况。

<u>**主题 6**：安全与责任意识教育。百度"新世纪以来最惨痛的交通事故"，分析问题出现的原因与深层面的根源。</u>

（1）由于责任缺失、忽略细节造成事故的原因等。

（2）如何从自身做起避免类似事故的发生。

（3）网上搜索一下，哪些新技术、新手段（防疲劳驾驶、自适应巡航、车道偏离预警、车道保持、智能驾驶、L4 级自动驾驶……）能够有效降低此类事故的发生？这些系统的维修如何进行？

目 录

- **课题一　我国汽车销售及后市场现状** ⋯⋯⋯⋯⋯⋯⋯⋯⋯⋯⋯⋯⋯⋯⋯ 1
  - 任务一　我国汽车销售市场现状 ⋯⋯⋯⋯⋯⋯⋯⋯⋯⋯⋯⋯⋯⋯⋯⋯⋯ 1
  - 任务二　我国汽车后市场现状 ⋯⋯⋯⋯⋯⋯⋯⋯⋯⋯⋯⋯⋯⋯⋯⋯⋯⋯ 5

- **课题二　汽车维护及修理基础知识** ⋯⋯⋯⋯⋯⋯⋯⋯⋯⋯⋯⋯⋯⋯⋯⋯ 9
  - 任务一　汽车维护 ⋯⋯⋯⋯⋯⋯⋯⋯⋯⋯⋯⋯⋯⋯⋯⋯⋯⋯⋯⋯⋯⋯⋯ 9
  - 任务二　汽车修理 ⋯⋯⋯⋯⋯⋯⋯⋯⋯⋯⋯⋯⋯⋯⋯⋯⋯⋯⋯⋯⋯⋯⋯ 23

- **课题三　汽车修理工要求及 7S 管理** ⋯⋯⋯⋯⋯⋯⋯⋯⋯⋯⋯⋯⋯⋯⋯ 32
  - 任务一　汽车修理工要求 ⋯⋯⋯⋯⋯⋯⋯⋯⋯⋯⋯⋯⋯⋯⋯⋯⋯⋯⋯⋯ 32
  - 任务二　常见 4S 店售后组织框架及岗位职责 ⋯⋯⋯⋯⋯⋯⋯⋯⋯⋯⋯ 43

- **课题四　汽车维修接待** ⋯⋯⋯⋯⋯⋯⋯⋯⋯⋯⋯⋯⋯⋯⋯⋯⋯⋯⋯⋯⋯ 45
  - 任务一　汽车维修接待基本流程 ⋯⋯⋯⋯⋯⋯⋯⋯⋯⋯⋯⋯⋯⋯⋯⋯⋯ 45
  - 任务二　汽车维修接待基本礼仪 ⋯⋯⋯⋯⋯⋯⋯⋯⋯⋯⋯⋯⋯⋯⋯⋯⋯ 53

- **课题五　汽车维护与修理常用工具和量具** ⋯⋯⋯⋯⋯⋯⋯⋯⋯⋯⋯⋯ 63
  - 任务一　常见工具的使用 ⋯⋯⋯⋯⋯⋯⋯⋯⋯⋯⋯⋯⋯⋯⋯⋯⋯⋯⋯⋯ 63
  - 任务二　常见量具的使用 ⋯⋯⋯⋯⋯⋯⋯⋯⋯⋯⋯⋯⋯⋯⋯⋯⋯⋯⋯⋯ 73
  - 任务三　汽车举升机安全使用 ⋯⋯⋯⋯⋯⋯⋯⋯⋯⋯⋯⋯⋯⋯⋯⋯⋯⋯ 79

- **课题六　汽车维护与修理常用检测工具** ⋯⋯⋯⋯⋯⋯⋯⋯⋯⋯⋯⋯⋯ 85
  - 任务一　汽车专用万用表 ⋯⋯⋯⋯⋯⋯⋯⋯⋯⋯⋯⋯⋯⋯⋯⋯⋯⋯⋯⋯ 85
  - 任务二　汽车解码仪 ⋯⋯⋯⋯⋯⋯⋯⋯⋯⋯⋯⋯⋯⋯⋯⋯⋯⋯⋯⋯⋯⋯ 93
  - 任务三　四轮定位仪的使用说明 ⋯⋯⋯⋯⋯⋯⋯⋯⋯⋯⋯⋯⋯⋯⋯⋯⋯ 130
  - 任务四　发动机综合性能测试仪 ⋯⋯⋯⋯⋯⋯⋯⋯⋯⋯⋯⋯⋯⋯⋯⋯⋯ 137

- 课题七　汽车运行材料 …………………………………………………………… 154
  - 任务一　车用燃料 ……………………………………………………………… 154
  - 任务二　汽车润滑油 …………………………………………………………… 161
  - 任务三　汽车工作液 …………………………………………………………… 171
  - 任务四　汽车轮胎 ……………………………………………………………… 175
- 参考文献 …………………………………………………………………………… 185

课题一

我国汽车销售及后市场现状

学习任务

1. 了解我国汽车销售市场现状。
2. 了解我国汽车后市场分类。
3. 了解我国汽车后市场现状及存在的问题。

任务一　我国汽车销售市场现状

中国汽车工业学会于2016年年初公布了2015年中国汽车销量。中国的汽车销售总量毫无悬念地又成了全球第一。

中国汽车工业协会公布的数据显示,2015年全年中国的汽车销量为2 459.8万辆,同比增长4.7%,相比上年同期减缓2.18%。这是自2013年以来销量连续3年超过2 000万辆。

全球第二大汽车销售市场是美国,美国市场强劲复苏,去年销量达到了1 747万辆,而且乘用车销量达到历史最高点,同比增长5.7%。英国、法国、意大利、西班牙、印度市场的销量也在增长。全球第三大汽车销售市场是日本,同比下降了9%。销量下降的市场还有巴西和俄罗斯。从全球来看,2015年整个市场表现还是非常好的。

2000—2015年中国汽车市场产销总体平稳增长,其销量与增长率如图1-1所示。

课题一　我国汽车销售及后市场现状

图 1-1　2000—2015 年中国汽车市场销量与增长率

其中，乘用车的销量在 2015 年首次超过 2 000 万辆，为 2 114.63 万辆，同比增长 7.3%。2015 年全国车企汽车销量排行前十如图 1-2 所示。

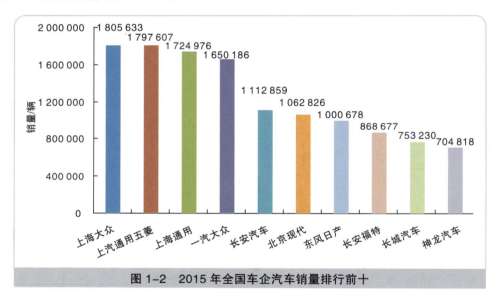

图 1-2　2015 年全国车企汽车销量排行前十

销量同比增长最为明显的是 SUV 车型，为 622.03 万辆，同比增长 49.65%。SUV 车型的持续火热，是 2015 年无法回避的话题。出现的全新车型共 39 款。另外，38 款紧凑型 SUV，26 款中型 SUV，10 款小型 SUV，也是竞争最激烈的三个市场。自主品牌基本在小型和紧凑型市场上，合资品牌主要在紧凑型和中型市场上，中大型和大型市场新车非常少。

其次销量增速较快的是 MPV 车型，销量为 210.67 万辆，同比增长 10.05%。MPV 车型从 15 款增长到 21 款，自主品牌的新车数量占到一半以上。其中，售价 5 万元以下有 3 款，5 万~10 万元有 9 款，10 万~20 万元的 MPV 新品几乎没有。预计未来 MPV 市场会持续高增长，应重点关注这个区间。

而轿车和交叉型乘用车销量则呈现不同程度的下降趋势。轿车款型数量大幅下滑，从 145 款下降到 121 款，其中紧凑型轿车有 51 款，中型轿车 37 款。微型和小型新车款型数量极少，这一市场被人们忽略。

2015 年乘用车分车型销量分布如图 1-3 所示。

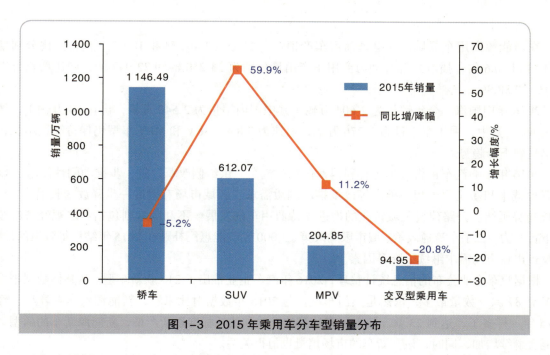

图1-3　2015年乘用车分车型销量分布

2015年实施的1.6L及以下购置税减半政策促进了汽车销量的增长，对汽车总销量增长贡献度达到124.6%。

2015年也是新能源汽车呈现井喷态势的一年。新车为23款，销量增速很高，同比增长53%。合资企业以插电混合车型为主，自主企业则多是纯电动车型。据中国汽车工业协会数据统计，2015年新能源汽车产量达340 471辆，销量达331 092辆，同比分别增长3.3倍和3.4倍。其中，纯电动车型产销量分别为254 633辆和247 482辆，同比分别增长4.2倍和4.5倍；插电式混合动力车型产销量分别为85 838辆和83 610辆，同比分别增长1.9倍和1.8倍。2015年新能源汽车销量分布如图1-4所示。

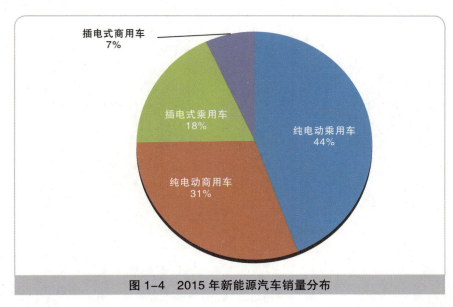

图1-4　2015年新能源汽车销量分布

新能源乘用车中，纯电动乘用车产销量分别为152 172辆和146 719辆，同比分别增长2.8倍和3倍；插电式混合动力乘用车产销量分别为62 608辆和60 663辆，同比增长均为2.5倍。

课题一　我国汽车销售及后市场现状

在新能源商用车领域，纯电动商用车产销量分别为 102 461 辆和 100 763 辆，同比分别增长 10.4 倍和 10.6 倍；插电式混合动力商用车产销量分别为 23 230 辆和 22 947 辆，同比增长分别为 91.1% 和 88.8%。

2016 年中国汽车全年销量为 2 604 万辆（其中国内销量为 2 540 万辆，出口 64 万辆），增速约为 6%。其中，乘用车销量为 2 276 万辆，增速为 7.8%；SUV 和 MPV 车型仍保持高速增长，轿车仍呈现下降趋势。

2016 年影响汽车销售市场的有利因素包括：汽车"供给侧改革"进一步推动刚性需求、1.6 L 购置税减半和新能源车相关推广等政策推动刺激需求、区域市场有望进一步释放增长潜力、SUV 增长趋势延续、公路建设及城镇化的推进支持商用车的发展。不利因素则包括：宏观经济继续存在下行压力，二手车流通政策、城市限购政策、3 000 元节能惠民补贴在 2015 年结束等政策的推行，以及进出口市场需求继续下降等因素。

根据汽车企业公布的信息统计整理，2016 年汽车企业推出了 217 款新车型。从整体数据来看，SUV 有 87 款，数量最多，依然是热门车型。与 2015 年数据对比来看，新能源汽车新款型已经和 2015 年一样多了，达到 23 款。随着国家政策的推动和油耗标准逐渐严格，新能源新车的款型数量可能会继续增加，同时，该类新车的市场销量也值得关注。

任务二　我国汽车后市场现状

汽车后市场是指汽车销售以后，围绕汽车的使用而提供的各种服务，它涵盖了消费者买车后所需要的一切服务。也就是说，汽车后市场是汽车从售出到报废的过程中，围绕汽车售后使用环节中各种后继需要和服务而产生的一系列交易活动的总称。

一、汽车后市场分类

中国现在的汽车后市场大体上可分为七大行业：
①汽车保修行业；
②汽车金融行业；
③汽车 IT 行业；
④汽车精品、用品、美容、快修及改装行业，又称为汽车养护行业；
⑤汽车维修及配件行业；
⑥汽车文化及汽车运动行业；
⑦二手车及汽车租赁行业。
在服务内容方面，汽保行业和汽车养护行业存在着交叉，没有严格的划分界限。同时，目前国内许多汽车维修及配件行业的业务范围也有向汽车养护行业拓展的趋势。

二、我国汽车后市场现状

我国目前的汽车后市场主要有以下五大渠道：
①汽车 4S 店；
②传统大中型维修厂；
③汽车维修路边店；
④汽车专项服务店；
⑤品牌快修保养美容装饰连锁店。
这五大渠道在面积大小、设备投资、人员素质、地点便利性、服务质量、服务时间和收费标准等方面各有千秋，短期可以共存，但随着市场的发展变化，经过逐步变化的汽车 4S 店和国际知名的品牌快修保养美容连锁店是两大主要渠道。

从目前情况来看，中国汽车后市场潜力无限。虽然国内汽车后市场服务企业在数量上占有绝对优势，但是长期以来，中国汽车市场的重心一直在整车销售上，对于汽车后市场的关注和投入不够，造成中国汽车后市场的发展明显落后于汽车制造业。不正规的汽车服务企业鱼目混珠，严重扰乱了市场秩序，汽车后市场也就形成了"散、乱、差"的局面。由于市场上大多是"单兵作战"

的小型企业，很难得到用户信任，从而促成了今天4S店蓬勃发展的局面。

近年来，随着中国汽车市场的繁荣，中国汽车后市场的规模也在不断扩大。中国汽车后市场销售额已由2005年的880亿元增至2014年的7 000亿元。由于汽车保有量的增长及汽车保有结构的老化，汽车养护、汽车租赁、汽车金融等细分市场都蕴藏着巨大的投资机会，预计未来几年，中国汽车后市场规模将继续保持稳定增长。2009—2014年我国汽车后市场规模如图1-5所示。

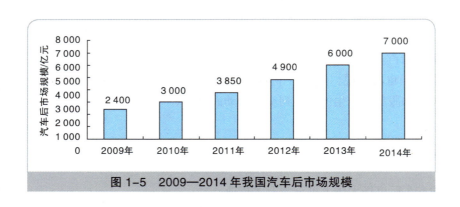

图1-5　2009—2014年我国汽车后市场规模

与国外成熟的汽车市场赢利模式相比，目前国内汽车市场销售额中各部分的比例显得不合理。在国外汽车市场销售额中，配件占39%，制造商占21%，零售占7%，服务占33%；在国内汽车市场销售额中，配件占37%，制造商占43%，零售占8%，服务占12%。国内汽车销售额中制造商的比重依然偏大，而服务的比重过小，除金融、租赁等汽车服务有待加强外，汽车售后服务至少还有近10%的上升空间。

面对如此市场良机，如何把握机遇，已经摆在每一个汽车从业者的面前。归纳起来，汽车行业有两条道路可供选择：一是发展自我品牌，做强做大。二是牵手国际汽车服务知名品牌，共同发展。

国外的汽车售后服务主要有两大经营模式："四位一体"模式（即中国目前风行的4S店）和"连锁经营"模式，前者主要流行于欧洲，后者则在美国相对比较发达。

"四位一体"模式。它包括整车销售、售后服务、零件供应、信息反馈。在汽车保有结构方面的特点是车型集中，每种车型都有较大的保有量。这种汽车服务起源于欧洲，品牌多集中于欧洲本土生产的大众、奔驰、宝马等汽车集团，"四位一体"的经营模式生存和发展得较好。对于早几年的中国也是十分适应的，因为当时少数几种品牌占据绝对的控制地位。不过在目前新车迭出的中国汽车市场，这种方式已经渐渐显露其弊端，而且由于在实际实施中的许多不规范做法，"四位一体"的生存空间正在不断缩小。例如，国内消费者对汽车售后服务反映较多的问题基本上都是维修技术差、服务人员素质低、管理落后、配件假冒伪劣、收费混乱等；一些4S店是"一流的装潢，三流的服务"，服务水平、维修技术名不副实。

"连锁经营"模式。这种服务方式在美国兴起的时间并不长，但在最近20多年的时间里却迅速发展起来，而且出现了品牌化经营、高科技不断渗透等趋势。连锁的发起者不是整车厂，而是定位于汽车售后市场的集汽配供应、汽车维修、快速养护为一体的综合性服务商。这种模式整合了各品牌汽车零配件的资源，打破了纵向垄断，在价格服务透明化的基础上，提供汽车保养、维修、快修、美容和零配件供应"一条龙服务"，可以帮助车主一站式解决问题。

同时，近年来，中国也出现了独立经营模式，作为前两种模式的补充，具有成本低、服务专业等优势，但总体竞争力不强。

三、我国汽车后市场存在问题

1. 汽车销售体系不完善

售后服务是汽车后市场的重要组成部分，中国汽车售后服务业同整个汽车后市场一样发展不够充分，汽车销售体系不完善是其根本原因。中国现行的汽车销售体系不完善，使得厂家对经销商和售后服务的控制不够充分，三者的联系不够紧密，厂家、经销商和售后服务脱节，导致售后服务市场发展不充分。

西方发达国家的汽车销售体系主要存在以下明显优势：

（1）销售体系的建立以生产厂家为中心，形成一种唇齿相依、休戚与共的产销衔接关系。它们之间的关系一般是依靠合同把销售活动与双方的利益紧密地联系在一起，采用的是受控于厂家的专卖制，这些专卖店都是"四位一体"，售后服务是其主要业务之一。另外，还有一些专门从事售后服务的店面，一般也是由厂家授权，与厂家属于利益共同体。在这种利益共同体中，一个环节的失误会造成整体利润的下降，因此，所有的环节都会不遗余力地使顾客满意。

（2）销售网络通常由两个环节组成，一级销售网点和二级销售网点。一级销售网点即分销商，主要负责从汽车生产厂进货，然后批发给零售商；零售业务则由二级销售网点即零售商来完成。这种体制分工严格，保证各级分销商都有利可图，避免了利益冲突，有利于维护长久的合作关系。

而中国汽车销售体系则混乱得多。厂家的主导地位没能建立起来，厂家、批发商、经销商和售后服务各环节的功能划分不清晰。在中国汽车销售的渠道里，除了有厂商主导的流通路径外，至少还存在其他销售部门（主要指中国汽车销售总公司等）和各地汽车交易市场两条路径。显然厂家对其控制力度不够，对其各环节不容易协调管理，不利于价格统一。另外，各条路径都存在功能划分不清晰、利益分割不明确的问题。人们往往只看到短期利益大的汽车零售，而忽视了售后服务对中长期利益的巨大作用，不愿意承担售后服务的责任。而专门从事售后服务的部门，也没能从服务消费者的宗旨出发，经常夸大事实。无论是厂家还是一级或二级销售商都是既做批发又做零售，加剧了内部竞争，不利于企业的成长。

2. 服务水平有限

现在人们不仅把汽车看作交通工具，更看作一种生活和人性的延伸，用以彰显个性的需求变得越来越强烈，所以汽车服务不应仅局限为消费者提供方便，更应该加入快乐消费、安全消费和文化消费的内容。但是，目前中国汽车服务的种类还比较少，主要集中在汽车配件、改装、美容等方面，而对汽车融资、咨询、文化等涉及不多。汽车服务不健全，对汽车服务的理解不充分。

另外，中国汽车服务企业的服务质量也不高。由于中国汽车服务市场的进入壁垒低，出现了大量小规模的汽车服务企业。这些企业进入服务行业之初，只看到了企业服务业的巨额利润，并没有真正考虑要在服务质量上下功夫。

汽车服务企业从事的服务项目往往较为单一，大部分提供汽车日常保养、美容等服务。由于受资金的限制，缺乏必要的专业设备和技术支持，人员素质也不高，导致服务质量比较差，顾客抱怨较多。

3. 市场秩序混乱

中国汽车后市场，从表面看，企业总数大、类别多，但由于缺乏正确的理论指导，企业发展良莠不齐，形成的品牌屈指可数，整体上还处于混乱状态。中国从事汽车服务行业的店面，总数不少，但大多数规模较小，店与店之间进行价格竞争，这使得企业很难从低价竞争中走出来，影响该领域竞争力的形成。

4. 缺乏成本优势

中国汽车服务业还处在探索阶段，缺乏正确的模式。企业发展往往各自为政，规模采购的优势很难发挥，整体成本偏高。

5. 市场环境不成熟

从服务接受方来看，很多消费者还不清楚汽车后市场所涵盖的范围，对于后市场的消费方式和能给自己带来的好处，尚处于一知半解的状态，甚至还存在一些理解上的误区，因此消费也比较谨慎。

课题二

汽车维护及修理基础知识

学习任务

1. 了解汽车维护规则。
2. 了解汽车一级维护。
3. 了解汽车二级维护。
4. 了解汽车零部件常用修理方法。
5. 掌握汽车日常维护项目。
6. 掌握汽车走合维护及换季维护内容。
7. 了解汽车修理制度。
8. 掌握车辆零部件损伤的分类、内容及特征现象。
9. 掌握汽车常用检测、检验工具的使用。

任务一　汽车维护

一、汽车维护规则

我国现行的汽车维护制度贯彻"预防为主，强制维护"的原则。"预防为主"的设备管理原则世界通行，只有做好事前的预防性工作，才能使设备经常保持良好的技术状况，减少故障频率，降低消耗，延长使用寿命。现行的汽车维护制度，将过去的计划预防维护制度的"定期维护"改为"强制维护"，是为了进一步强调维护的重要性和必要性，使运输单位和个人更加重视车辆的维护，防止其因追求眼前利益而不及时维护，从而导致车的质量严重下降，影响安全生产。

（一）维护分类、作业内容

维护分定期维护和非定期维护，如图 2-1 所示。

课题二 汽车维护及修理基础知识

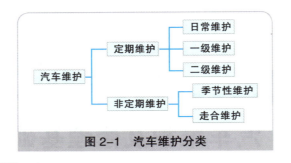

图 2-1 汽车维护分类

1. 日常维护

日常维护是日常性作业，由驾驶员负责完成。其主要内容是清洁、补给和安全检视。它是保持车辆正常工作状况的经常性、必需性的工作。

一般地，日常维护安排在出车前、行车中、收车后进行。

2. 一级维护

一级维护由专业维修厂负责执行。其主要内容除日常维护工作外，以清洁、润滑、紧固为主，并检查有关制动、操纵等的安全部件。坚持"三检"，即出车前、行车中、收车后检视车辆的安全结构及各部机件连接的紧固情况；保持"四清"，即保持润滑油、空气、燃油滤清器和蓄电池的清洁；防止"四漏"，即防止漏水、漏油、漏气、漏电等。

一级维护的周期：车辆每行驶 2 000~3 000km 或根据车型要求。

3. 二级维护

二级维护由专业维修厂负责执行。其主要内容除一级维护所做的工作外，以检查和调整万向节、转向摇臂、制动蹄片、悬架等经过一定时间的使用容易磨损或变形的安全部件为主，并拆检轮胎，进行轮胎换位。

二级维护的周期：根据最新国家标准，小于等于 4 万公里，或者间隔时间为 60~90d。

4. 季节性维护

由于冬、夏季的温差大，为使车辆在冬、夏季都能合理使用，在换季之前应结合定期维护，附加一些相应的项目，使汽车适应气候变化的运行条件，这种附加性维护称为季节性维护。

5. 走合维护

走合维护是指汽车运行初期，改善零件摩擦表面几何形状和表面层力学性能的过程。

季节性维护可结合定期维护进行。

现行的维护制度，着重于加强强制性的日常维护，增加检测性定期维护。即对日常维护和一级维护实行定期强制执行，提高安全、节能、环保与寿命等性能；对二级维护，先检测诊断和技术评定，然后根据结果确定附加作业或小修项目，结合二级维护一并进行。

（二）维护制度的特点

一般来说，除主要总成发生故障必须解体外，不得对车辆总成进行解体，这就明确了维护和修理的界限。车辆进行维护时，不能对其主要总成大拆大卸，只有在发生故障需要解体时方允许进行解体。很明显，与过去的维护制度比较，现行的维护制度有以下特点：

特点1：

没有对各级维护周期做统一规定，由各省、市、自治区按车型，结合本地区具体情况提出统一的维护周期，但制定了车辆维护技术规范以保证车辆正常维护质量。

特点2：

对季节性维护做了规范：当车辆进入冬、夏两季运行时，一般结合二级维护对车辆进行季节性维护。

特点3：

取消了整车解体式的三级维护。经生产实践证明，对主要总成大拆大卸的工艺方法是不科学的，也是不符合技术经济原则的。同时，"三级维护"作业内容既有维护的作业又有修理的作业，不便于维护与修理的区分。

二、日常维护

总体来说，车辆日常养护主要包括：清洁、安全检测、补充，对日常养护稍有大意不仅会给车辆造成损伤，而且会危及行车安全。如润滑油缺乏引起拉缸烧瓦，车辆某一部分功能失常引起交通事故等。反之，如果日常工作做得仔细认真，不仅能使车辆保持常新，同时还能掌握车辆各部分的技术状况，避免机械事故和交通事故。其实，日常养护工作很简单，归纳起来就是：清洁、紧固、检查、补充。

（一）清洁

空气中含有大量灰尘、泥沙和酸性物质，不仅容易被泄漏的燃油黏附，在高温烘烤下容易形成坚硬的保温层，使机件的散热性能变差，而且容易被车身静电吸附而侵蚀油漆面，使之过早褪色。

1. 清"三滤"

空气滤清器、燃油滤清器、机油滤清器这"三滤"保养及时与否，直接影响着发动机的性能和使用寿命。

> **空气滤清器：**

空气滤清器过脏会阻碍新鲜空气进入气缸，导致混合气过浓、燃烧不完全、功率下降、排气超标。

> **燃油滤清器：**

燃油滤清器堵塞，滤芯的通过阻力增大，造成燃油滤清器内燃油压力升高，供油不足，动力下降。

> **机油滤清器：**

机油滤清器堵塞，会阻碍润滑油的流动，使发动机润滑不良、磨损加大，甚至烧瓦等。为此，应定期清洗或更换。通常每行驶 5 000~10 000km 更换一次，若气候恶劣，应缩短为每 5 000km 更换一次。

2. 清洁蓄电池

现代轿车一般都采用免维护蓄电池，应经常清洁蓄电池的顶部。

（二）紧固

车辆清洗干净后，就要对各连接处进行紧固。而运行中的振动、颠簸、摇摆等必然会造成连接件松动、磨损。因此，在日常养护中要及时紧固。连接件的日常紧固工作直接关系行车安全，特别是重要部件，如转向、制动、传动等部件，切不可掉以轻心。

> **步骤1：**

首先，对发动机周围各胶管的接头进行紧固，防止油液泄漏。

> **步骤2：**

其次，紧固各线路及用电设备的连接器，防止断路、短路、搭铁等情况的出现而影响用电设备的正常工作。

> **步骤3：**

最后，对主要的连接件进行检查紧固，如发电机传动带、转向联动机构、制动装置连接点、传动系以及轮胎等。

> **注意**
>
> ①观察周围线路及胶管的夹子是否牢固,防止因其他机件相刮而造成漏电、漏液、漏油、漏水,同时还要检查软管、防尘罩的工作状况,防止其腐蚀、老化。
> ②若发现连接螺栓、螺母不配或松动,应及时更换。
> ③各种防松件不能混用,如弹簧垫不能用平垫、锥形垫不能用弹簧垫、自锁螺母不能用普通螺母、开口销不能用铁丝等。
> ④螺母紧固后,螺栓应伸出螺母 1~3 个牙。各种装置应牢固可靠,如锁片应反扣在螺母的侧面上,开口销规格合适、弯曲正确。

(三)检查油液的高度和品质

油液在高温下会逐渐损耗与氧化而导致液面降低和性能变差。

1. 检查油液的高度

无论是何种液面高度的检查,首先应将车停在平地上。
①检查蓄电池电解液液面的高度。
②检查机油液面的高度。
③检查冷却液液面的高度。
④检查底盘润滑油的高度。
⑤检查制动液、转向液的高度。
现代伊兰特油尺及油液加注口位置如图 2-2 所示。

图 2-2 现代伊兰特油尺及油液加注口位置图

2. 检查油液的品质

无论是何种油液，均可采用下列方法检查：
① 外观法。查看取出的油液样品，若比较透明，表明污染不严重。
② 气味法。
③ 黏度比较法。

（四）补充

1. 机油的补充

发动机机油面与机油补充如图2-3所示。检查时若没有发现油液有明显的变质，应查找是否泄漏，若有要予以排除，并及时补足同等级别的油液。

图2-3 发动机机油面与机油补充

2. 油液的更换

油液变质或超过更换周期，应及时更换。

> 更换周期：

机油每行驶5 000~10 000km更换一次；制动液每行驶2万~4万km或使用1~2年更换一次；冷却液使用1~2年更换一次；液压油每行驶10 000km或使用一年更换一次。

> 清洗方法：

在放出油液前加入专用清洁剂，然后起动发动机（若是变速器或后桥应架起后桥），运转一定时间后放出旧油液即可。

> 加注油液：

对油液的加注，应在发动机熄火状态下加注至2/3液位标线处，启动发动机后5~10s熄火，再次检查机油液位。然后再次起动发动机，观察油面高度，补足至规定位置且油罐中无气泡产生，如图2-4所示。

图2-4 加注油液

三、一级维护

1. 一级维护周期与作业内容

一级维护要由专业维修企业负责执行，是在车辆达到一定行驶里程后强制进行的。一级维护一般按汽车生产厂家推荐或规定的行驶里程或使用时间进行。一级维护的间隔里程为7 500~15 000km，以行驶里程先达到为准。除日常维护以外，还要以清洁、润滑、紧固、补给为主，并检查有关制动、操纵等安全部件，保持车辆正常的运行状况。作业主要内容是：检查、紧固汽车外露部位松动的螺栓和螺母，按规定对润滑部位加注润滑脂，检查总成内润滑油油面，添加润滑油，清洗空气、燃油、空调花粉的滤清器。

2. 一级维护工艺流程

一级维护工艺流程如图2-5所示。

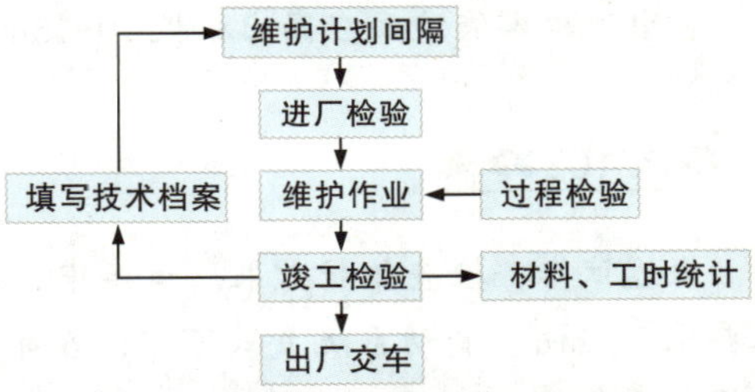

3. 一级维护竣工标准

图2-5 一级维护工艺流程

> 标准1：

发动机前后悬架、进排气歧管、散热器、轮胎、传动轴、车身、附件支架等外露螺栓、螺母须齐全、紧固、无裂纹。

> 标准2：

转向臂、转向拉杆、制动操纵机构等工作可靠，锁销齐全有效，转向杆球头、转向传动十字轴承、传动轴十字轴承无松旷。

> 标准3：

转向器、变速器、驱动桥的润滑油油面，应在检视口下沿0~15mm处（车辆处于停驶状态），通风孔应畅通；变速器、减速器凸缘螺母紧固可靠。

标准4：

各润滑脂油嘴齐全有效、安装位置正确；所有润滑点均已润滑、无遗漏。

标准5：

空气滤清器滤芯清洁有效。

标准6：

轮胎气压应符合充气规定，胎面无嵌石及其他硬物。车轮轮毂轴承无松旷。

标准7：

离合器踏板和制动踏板自由行程符合技术规定。

标准8：

灯光、仪表、喇叭、信号齐全有效。

标准9：

蓄电池电解液液面应高出极板10~15mm，通风孔畅通，接头牢靠。

标准10：

短途试车，检查维护效果。试车中，发动机、底盘运行正常，无异响；各操纵部位符合技术要求；转向、制动系统灵敏可靠；各部紧固无松动；试车后，检视各部无漏水、漏油、漏气和漏电现象。

四、二级维护

2016年2月2日，交通运输部发布"交通运输部办公厅关于贯彻实施《道路运输车辆技术管理规定》的通知"（以下简称"通知"）。通知明确规定：自2016年3月1日起，道路运输管理机构不再办理道路运输车辆二级维护审核备案手续。规定并不是取消了二级维护，而是将二级维护交给道路运输组织者进行合理安排。

1. 二级维护周期与作业项目

二级维护要由专业维修企业负责执行，主要内容除一级维护包括的工作外，还要以检查、调整为主，并拆检轮胎，进行轮胎换位，它是在汽车行驶一定里程后强制进行的。汽车在经过一段较长时间的使用后（约30 000km或12个月），必须进行全面的检查和调整，以保证安全性、动力性和经济性能达到使用要求。为防止汽车的早期损坏，保障汽车的正常技术状况和使用，在二级维护前,必须对汽车进行检测诊断和技术评定。

2. 二级维护前的检测流程

二级维护前的检测流程如图 2-6 所示。

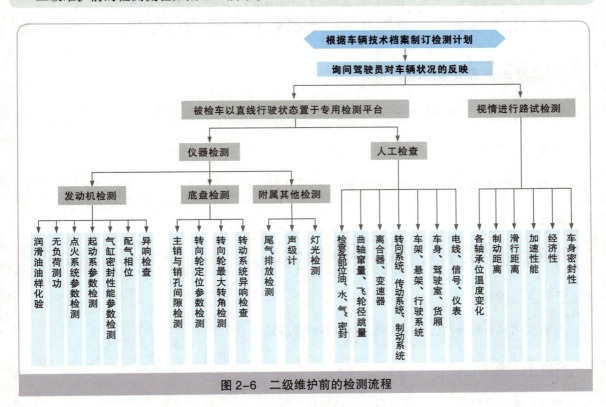

图 2-6 二级维护前的检测流程

3. 二级维护前的检测诊断内容

汽车二级维护前应进行的检测诊断内容如表 2-1 所示。

表 2-1 汽车二级维护前应进行的检测诊断内容

分类	序号	测试种类	检测内容
检测部分	1	点火系统参数	失火数据、爆震数据、点火电压、点火提前角
	2	发动机动力性	无负荷功率、各缸功率平衡
	3	起动系统参数	起动电流、起动电压
	4	气缸密封情况	气缸压力、曲轴箱窜气、气缸漏气、真空度
	5	配气相位	进排气门开启、关闭角度
	6	发动机异响	曲轴轴承、连杆轴承、活塞、活塞销、配气机构
	7	气缸表面状况	气缸拉痕、活塞顶烧蚀、积炭、活塞偏磨
	8	机油化验分析	斑痕污染指数、水分、闪点、酸值、运动黏度、含铁量
检查部分	1	发动机	发动机机油、油封、散热器、水泵密封圈、曲轴轴向间隙(窜动量)、异响
	2	转向系统	转向盘自由行程、转向机工作状况及油封密封状态,路试转向稳定性(视情进行)

续表

分类	序号	测试种类	检测内容
检查部分	3	传动系统	离合器工作情况，变速器、减速器壳油封密封状态及壳体表面状况，路试变速器、传动轴各轴承，主减速器、差速器异响，变速器、差速器壳体温度
	4	行驶系统	轮胎偏磨，钢板弹簧座、销、套磨损状况，车架裂伤、各部铆接状况
	5	仪表信号	仪表信号，机油压力，冷却液温度，发电机充放电指示
	6	其他	车身、驾驶室各钣金件开裂、锈蚀、变形、脱漆，锁止机构状况，牵引机构状况

4. 二级维护常规作业内容

二级维护常规作业内容如下：

> 内容1

进行日常保养和一级保养的全部作业。

> 内容2

更换汽油滤清器、机油滤清器和空气滤清器等。

> 内容3

检查发电机和起动机，必要时更换电刷并润滑各轴承。

> 内容4

检查、紧固进排气歧管及消声器总成的螺栓、螺母。

> 内容5

检查、紧固发动机支架的螺栓、螺母和散热器支架的螺栓、螺母。

> 内容6

检查曲轴主轴承及连杆轴承，紧固其螺栓、螺母；检查离合器、润滑分离轴承。

> 内容7

检查变速器、传动轴、万向节和中间支承轴承及各部紧固情况，润滑变速器第一轴承、万向节和中间支承轴承。

> 内容8

检查、调整、紧固驻车制动器，前、后轮制动器，制动分泵，制动软管。

> 内容9

检查、调整转向盘的自由转动量。

> 内容10

检查前后减震器及万向节,检查、调整前轮前束。

> 内容11

检查轮胎,并进行轮胎换位。

> 内容12

检查、调整电喇叭、指示灯、照明灯、变光器及电器仪表线路接头。

> 内容13

更换发动机润滑油。

五、换季维护

1. 车辆在低温条件下使用时应采取的措施

（1）车辆在低温条件下停放时,应采取防冻、保温措施（图2-7）,使用前应预热。

（2）各总成和轮毂轴承换用冬季润滑油(脂),制动系统换用冬季用制动液,柴油发动机使用低凝点柴油。图2-8为汽车制动系统的组成。

（3）调整发电机调节器,增大发电机充电电流,注意保持蓄电池电解液的合适相对密度和蓄电池的温度。

（4）发动机罩和散热器前加装保温套,注意保持正常工作温度。

（5）使用防冻液时,应掌握其正确使用方法。

（6）在冰雪路面行驶时,应采用有效的防滑措施。

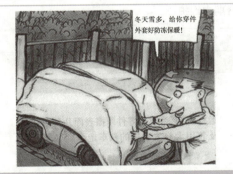

图2-7 防冻、保温措施

图2-8 汽车制动系统的组成

2. 车辆在高温条件下使用时应采取的措施

（1）对汽油发动机供油系统，采取隔热、降温等有效措施，防止气阻。

（2）加强对冷却系统的维护，清除水垢，保持良好的冷却效果；行车中注意勿使发动机过热。

（3）各总成和轮毂轴承换用夏季润滑油（脂）；制动系统换用夏季制动液。

（4）调整发电机调节器，减小充电电流；检查调整蓄电池电解液相对密度，保持液面高度和通气孔畅通。

（5）行车途中经常检查轮胎湿度和气压，不得采取放气或冷水浇泼的方法降低轮胎的气压和温度。

六、走合维护

汽车在新车出厂或大修（包括发动机大修）后，初期的使用阶段称为走合期，在这段时期对汽车所进行的维护，称为走合维护。新车的走合期通常为 1 000~2 500km，或按汽车生产厂家的规定。大修后的汽车走合期一般为 1 000~1 500km。

新车的正确走合，与延长汽车使用寿命、提高汽车工作的可靠性和经济性有着极大的关系。走合期的维护，一般分为走合期前、走合期中和走合期结束后维护 3 个阶段。走合期结束后，应结合二级维护对汽车进行全面的清洗、检查、调整、紧固、添加和润滑等，如表 2-2~ 表 2-6 所示。

表 2-2　走合期前维护

1	检查行车和驻车制动系统是否正常，有无漏液现象；检查制动液液面高度，不足时应添加
2	检查各部位的连接、紧固情况，对于转向、制动、悬架的固定螺栓要进行紧固
3	检查散热器以及冷却系统各部位有无泄漏现象
4	检查发动机曲轴箱、变速器、转向器等内部油量，根据需要进行添加或更换，并检查各部位是否有漏油现象发生
5	检查转向机构有无松旷或发紧的现象
6	检查变速器各挡是否能正确接合
7	检查电器设备、点火、灯光、电动车窗和仪表的工作是否正常
8	检查蓄电池液面，不足时添加蒸馏水。用玻璃管或塑料吸管检查蓄电池液面高度，应该高出极板 10cm，液面过低不行，但液面过高也不好
9	检查轮胎气压，不足时充气

表 2-3　新车走合期中维护

1	应在平坦、良好的路面上行驶
2	正确驾驶，平稳地接合离合器，及时换挡，严禁硬撑、猛冲，避免突然加速和急剧制动
3	速度限制： 一挡：不超过 5km/h 二挡：不超过 10km/h 三挡：不超过 15km/h 四挡：不超过 25km/h 五挡：不超过 40km/h 为控制汽车在走合期内的速度，走合前在进气管与化油器之间装有限速片，用铅封锁住，走合期内严禁拆除

续表

4	载重限制：走合期内不允许拖带挂车，车载量不得超过 3 500kg
5	经常注意变速器、后桥、轮毂及制动鼓的温度，若有严重发热时，应找出原因，予以调整或修理
6	应特别注意机油压力和控制发动机散热器的正常温度
7	走合 200km 后，应按规定力矩和顺序拧紧气缸盖及进排气歧管的螺栓、螺母
8	走合 500km 后，应在热车状态下更换发动机机油，以免发动机内未清洗干净的金属屑、脏物等堵塞油道、刮伤轴瓦

表 2-4　大修车走合期中维护

1	走合期中维护是在汽车行驶 500km 左右时进行的，主要对汽车各部技术状况开始发生变化的部分进行一次及时维护，以恢复其良好的技术状况，保证下阶段走合顺利进行
2	清洗发动机的润滑系统，更换机油和机油滤清器滤芯
3	润滑全车各润滑点。最初行驶 30~40km 时，应检查变速器、分动器、前后驱动桥、轮毂和传动轴等处是否发热或有异响。若发热或有异响应查明原因，予以调整或修理
4	在行驶一段时间后立即用手摸制动鼓，感觉是否发烫，如果发烫说明需要调整制动
5	检查制动效能和各连接处、制动管路和密封程度，必要时加以调整和紧固
6	检查调整离合器踏板自由行程
7	按规定力矩和顺序拧紧气缸盖及进排气支管的螺栓、螺母和轮胎螺母
8	走合 500km 左右时，应在热车状态下更换机油，以免未清洗干净的金属屑、脏物等堵塞油道、刮伤轴瓦。同时更换机油滤清器
9	一般行驶 1 500km 后，可视为走合期结束

表 2-5　新车走合期结束后维护

1	清洗发动机油底壳，按规定力矩检查连杆螺栓和主轴承盖螺栓的紧固情况
2	清洗粗滤器滤芯，并更换发动机润滑油
3	清洗变速器、后桥、转向器，并更换润滑油
4	紧固前、后悬架的 U 形螺栓和螺母（满载时进行），检查后钢板弹簧固定端的螺栓及 U 形螺栓的紧固螺母有无松动
5	按规定力矩紧固转向机构中带有开口销的螺母
6	按规定力矩检查并紧固制动底板的螺栓、螺母
7	按规定力矩检查并紧固底盘传动部分的连接
8	检查并紧固车身、车厢各部的连接
9	按使用说明书的规定，仔细调整点火正时，调整发动机车速和检查气门间隙
10	按一级维护作业项目进行润滑和维护

课题二 汽车维护及修理基础知识

表 2-6 大修车走合期结束后维护

1	更换发动机、变速器、转向器、驱动桥等的机油，尽可能冲洗干净
2	检查测量气缸压力，并用化学方法清除燃烧室的积炭
3	按"先中间后四周"，分 2~3 次紧固气缸盖螺栓；铝质缸盖在发动机冷态时一次旋紧即可，铸铁缸盖在发动机热机后，还要再次检查气缸盖螺栓、螺母的松紧度，以防螺栓热膨胀后，造成气缸盖密封不良，损坏气缸盖衬垫
4	检查和调整制动器
5	检查离合器踏板自由行程，润滑踏板轴
6	检查转向盘的自由行程，必要时进行调整
7	检查并调整前束
8	检查前后悬架螺栓的紧固情况
9	检查驾驶室、车厢各连接螺栓、螺母的紧固情况
10	按一级维护作业项目进行润滑和维护

任务二　汽车修理

一、汽车修理制度及分类

我国现行的汽车修理制度贯彻"视情修理"的原则。这个原则是随着汽车检测诊断技术的发展和维修市场的变化提出的。过去的"计划修理"往往因计划不周或执行不彻底造成修理不及时或提前修理的情况，致使车况急剧恶化。而现在的"视情修理"建立在检测诊断的基础上，不依照车辆使用者的意见随意确定修理。"视情修理"也并不意味着由此取消车辆或总成的大修。归结起来，现行的汽车修理制度特点如下：

> **特点1：**

由原来的以行驶里程为基础确定车辆的修理方式改变为以车辆的实际技术状况为基础的修理方式。

> **特点2：**

车辆修理的作业范围是通过检测诊断后确定的，所以检测诊断技术是实现视情修理的重要保证。

> **特点3：**

视情修理体现了技术与经济相结合的原则。

车辆修理按作业范围可分为车辆大修、总成大修、车辆小修和零件修理。

1. 车辆大修

车辆大修是指用修理或更换车辆任何零件的方法，恢复车辆的完好技术状况和完全（或接近完全）恢复车辆寿命的恢复性修理，其目的是恢复车辆的动力性、经济性、可靠性和原有装备，使车辆的技术状况和使用性能达到规定的技术条件。

2. 总成大修

总成大修是指用修理或更换总成任何零件（包括基础件）的方法，恢复某一总成的完好状况和寿命的恢复性修理。

3. 车辆小修

车辆小修是指用更换或修理个别零件的方法，保证或恢复车辆工作能力的运行性修理，主要在于排除车辆运行中发生的临时故障和发现的隐患及局部损伤。

4. 零件修理

零件修理是指对因磨损、变形、损伤等原因而不能继续使用的零件进行修理。零件修理要遵循经济合理的原则，是修旧利废、节约原材料、降低维修费用的重要措施。

二、车辆和总成送修标志

要确定车辆及其总成是否需要大修，必须掌握车辆和总成大修送修标志。

1. 汽车大修送修标志

客车以车厢为主，结合发动机总成；货车以发动机总成为主，结合车架总成或其他两个符合大修条件的总成。

2. 挂车大修送修标志

挂车车架（包括转盘）和货厢符合大修条件。
定车索引的半挂车和铰接式客车，按照汽车大修的标志与牵引车同时进厂大修。

3. 总成大修送修标志

（1）发动机总成：气缸磨损、圆柱度误差达到 0.17~0.25mm 或圆度误差已达到 0.05mm（以其中磨损量最大的一缸为准）；最大功率或气缸压力标准降低 25% 以上；燃料和润滑油消耗量显著增加。

（2）车架总成：车架断裂、锈蚀、弯曲、扭曲变形逾限，大部分铆钉松动或铆钉孔磨损，必须拆卸其他总成后才能进行校正、修理或重铆。

（3）变速器（分动器）总成：壳体变形、破裂，轴承承孔磨损逾限，变速齿轮及轴恶性磨损、损坏，需要彻底修复。

（4）后桥（驱动桥、中桥）总成：桥壳破裂、变形，半轴套管承孔磨损逾限，减速器齿轮恶性磨损，需要校正或彻底修复。

（5）前桥总成：前轴裂纹、变形，主销承孔磨损逾限，需要校正或彻底修复。

（6）客车车身总成：车厢骨架断裂、锈蚀、变形严重，蒙皮破损面积较大，需要彻底修复。

（7）货车车身总成：驾驶室锈蚀、变形严重、破裂或货厢纵横梁腐朽，底板、栏板破损面积较大，需要彻底修复。

> 根据交通部的有关规定，送修车辆及总成必须具备以下装备条件：
>
> （1）除肇事或长期停驶等特殊情况外，送修汽车必须保持行驶状态，送修总成应在装合状态。
> （2）送修车辆或总成的有关技术资料应随同车辆或总成进厂。
> （3）除少数通用件外，送修车辆或总成应装备齐全，零件、总成不得缺少或拆换。
> （4）送修车辆必须配齐轮胎，并充足气压。
> （5）随车工具及备用品，不属于汽车附件的，由送修者自行保管。

三、汽车零件的损伤

汽车零件损伤会导致功能降低和有严重损伤或隐患，继续使用会失去可靠性及安全性。引起零件损伤的原因很多，主要可分为工作条件（包括零件的受力状况和工作环境）、设计制造（设计不合理、选材不当、制造工艺不当等）以及使用与维修不当等三个方面。汽车零件的损伤有磨损、疲劳断裂、变形、腐蚀及老化五类。

汽车零件损伤分类、内容及特征如表2-7所示。

表2-7 汽车零件损伤分类、内容及特征

损伤类型	损伤模式	内容	特征	举例
磨损	磨料磨损	物体表面与硬颗粒或硬质凸出物相互摩擦引起了表面材料损伤现象的发生	刮伤、沟槽	气缸壁工作表面磨损（图2-9）
	黏着磨损	摩擦物相对运动时，由于固相焊合作用产生了接触面金属损耗的现象	鱼鳞片状、擦伤	曲轴"抱轴"
	表面疲劳磨损	两接触表面在交变接触压应力的作用下，材料表面因疲劳而产生物质损伤的现象	麻点、剥落	齿轮表面和滚动轴承的磨损（图2-10）
	腐蚀磨损	零件在摩擦过程中，表面金属与周围介质发生化学或电化学反应，出现物质损伤的现象	形成膜、颗粒	气缸套的低温腐蚀
疲劳断裂	高应力低周疲劳	零件所受应力高于最高承受应力在低周期内发生的疲劳损伤现象	裂纹、断裂	设计缺陷或超负载（图2-11）
	低应力高周疲劳	零件在低应力作用下，应力循环次数 $N_f \geq 10^4$ 次时，产生的疲劳损伤的现象	裂纹、断裂	曲轴断裂、齿轮轮齿折断（图2-12）
	腐蚀疲劳	金属受到酸碱的腐蚀，一些部位的应力比其他部位高得多，于是产生了加快裂缝形成的现象	裂纹、断裂	机油变质导致腐蚀金属零件

续表

损伤类型	损伤模式	内　容	特　征	举　例
疲劳断裂	热疲劳	金属零件温度变化在内部产生交变热应力，在此交变应力反复作用下零件遭到破坏的现象	裂纹、断裂	发动机气缸壁、曲轴轴承的断裂
腐蚀	化学腐蚀	金属零件与介质直接发生化学作用而引起损伤的现象	锈蚀	零件锈蚀（图2-13）
	电化学腐蚀	两种不同的金属在同一导电溶液中形成一对电极，产生电化学反应而使充当阳极的金属被腐蚀的现象	锈蚀、硬化	制动蹄片表面硬化
	穴蚀	金属材料表面与流动液体相接触的特殊区域，呈麻点坑穴或泡沫状海绵剥落	锈蚀、孔穴	湿式气缸套外壁麻点、孔穴
变形	弹性变形	零件在外力作用下发生弹性挠曲，其挠度超过许用值而破坏零件间相对位置精度的现象	弯曲、扭曲	曲轴弯曲
	塑性变形	零件的工作应力超过材料的屈服极限，因塑性变形而导致的损伤现象	扭曲、变长	花键扭曲、螺栓拉长
	蠕变	材料在一定应力（或载荷）作用下，随时间延长，变形不断增加的现象	弯曲、扭曲	凸轮轴弯曲
老化	龟裂、变硬	橡胶、塑料制品和电子元件随着时间的延长，原有的性能逐渐衰退的现象	裂纹、鼓包	橡胶轮胎、塑料器件（图2-14）

图 2-9　气缸活塞磨损

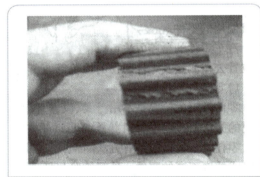

图 2-10　疲劳磨损

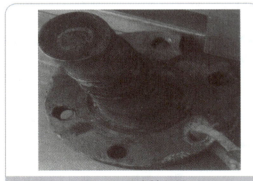

图 2-11　半轴断裂

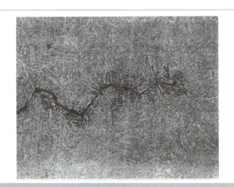

图 2-12　裂纹

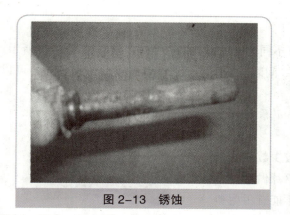

图 2-13　锈蚀　　　　　　　　　　　图 2-14　龟裂

四、汽车零件的检验方法

汽车维修中很重要的一项工作就是按照修理技术标准的要求对零件损伤程度进行检测，以确定零件是继续使用，还是修理或更换。对零件进行检测的方法有很多，一般可分为检视法、测量法和探伤法三类。

1. 检视法

检视法是指由检验人员通过感官掌握零件的损伤情况，并根据经验判断零件是否可用的检测方法。如通过眼睛观察（或借助放大镜、内窥镜）对零件的破损、明显变形、严重磨损和裂纹、材料变质等进行检验；用锤子敲击法对裂纹及铆钉松动进行检验，或用新、旧件进行对比检验等。

2. 测量法

测量法是指利用量具或测量仪器测出零件的现有尺寸及几何公差值，与技术标准所规定的容许使用值（极限尺寸）进行对比，确定零件能否继续使用。其常用量具有直尺、游标卡尺、千分尺、百分表、塞尺、测齿卡尺及专用样板等。

3. 探伤法

探伤法是指利用一些仪器、设备对零件的隐伤进行探测的方法，包括磁力探伤、渗透法探伤、超声波探伤、浸油敲击法探伤等。

五、汽车零件的常用检验工具

汽车零件的常用检测工具有塞尺、游标卡尺、千分尺及百分表等。

1. 塞尺

塞尺又称为厚薄规或间隙片，它由一组具有不同厚度的标准钢质测片组成，如图 2-15 所示。将塞尺插入缝隙中，可以用来检验相配合表面之间间隙的大小，若与其他量具配合使用，可以用来检验零件相关表面的形状和位置误差。

塞尺厚度有 0.002~0.035mm 和 0.05~1.00mm 等多种，可根据需要进行选用。

测量时，为了提高测量精度，应尽量选用较少数量的钢片，而钢片之间的间隙也不能太大。不允许将钢片做剧烈的弯曲，也不允许将它用力捅进测量部位。钢片不能有污垢和金属屑，否则会影响其精确性。

图 2-15 塞尺

2. 游标卡尺

游标卡尺是用来测量零件的外廓尺寸、内廓尺寸和深度的一种量具。它主要由尺身和游标组成，如图 2-16 所示。游标卡尺按测量范围的不同可分为 125mm、150mm、200mm、300mm 和 500mm 等几种，按分度值不同可分为 0.1mm、0.05mm、0.02mm 三种。

游标卡尺的读数方法如图 2-17 所示。先读出游标"0"刻线左边在尺身上可以读出的整数尺寸（图 2-17 中为 6mm），再读游标与尺身完全对齐的刻线以确定余下的尺寸（图 2-17 所示游标上 5 刻线与尺身 11 刻线处对齐）。当分度值为 0.05mm 时，余下的尺寸为（5×0.05）mm=0.25mm，此时，全部测量值为（6+0.25）mm=6.25mm；当分度值为 0.02mm 时，则余下的尺寸为（5×0.02）mm=0.1mm，此时，全部测量值为（6+0.1）mm=6.1mm。

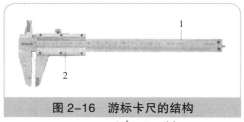

图 2-16 游标卡尺的结构　　　　图 2-17 游标卡尺的读数举例
1—尺身；2—游标

3. 千分尺

千分尺分为外径千分尺和内径千分尺两种，其测量精度可达 0.01mm。每种千分尺只有 25mm 的量程。按测量范围的不同，千分尺可分为 0~25mm、25~50mm、50~75mm、75~100mm 及 100~125mm 等多种，应根据测量对象的大小来选择合适量程的千分尺。

外径千分尺可用来测量零件的外径、长度及宽度等尺寸，其结构如图 2-18 所示。

测微螺杆的后端制有螺距为 0.5mm 的细牙螺纹，与固定套筒的螺母相啮合。将测微螺杆转动一圈，它将前进或后退 0.5mm。固定套筒上刻有相距为 0.5mm 的等分线和基线，沿微分筒的圆锥面一周刻成 50 等份刻线。微分筒每转过一个刻度（相当于旋转 1/50 周），测微螺杆就前进或后退（0.5×1/50）mm=0.01mm。

测量前，先擦净被测零件的测量面，用标准长度杆检查、校对千分尺（将微分筒的前端面与固定套筒上的"0"刻线对齐，且微分筒上的"0"刻线还应与固定套筒上的基线对准）。测量时，将千分尺放正，转动微分筒，待测微螺杆接近工件时，停止转动微分筒，开始转动棘轮，直到棘轮发出打滑响声为止，此时即可读数。读数时，先读固定套筒上的数值（单位为 mm），再看微分筒上与固定套筒的基线对准的数值（单位为 mm/100），最后将这两个数值相加，就得到测量数值。图 2-19 所示为外径千分尺的读数举例。

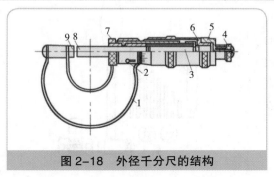

图 2-18 外径千分尺的结构

1—尺架；2—锁紧装置；3—测微螺杆；4—棘轮；5—螺母；
6—微分筒；7—固定套筒；8—量杆；9—量柱

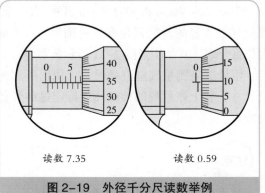

读数 7.35　　　　读数 0.59

图 2-19 外径千分尺读数举例

4. 百分表

百分表不能直接测量零件的尺寸，只能测得相对值，常用于零件的形状误差、径向和端面圆跳动、平行度及垂直度等的测量，其分度值为 0.01mm。图 2-20 所示为百分表的结构，它主要由测杆、短指针、长指针及表壳等组成。

百分表根据测杆的移动行程可分为 0~3mm、0~5mm 和 0~10mm 等类型。短指针每转一格表示 1mm，长指针每转一格表示 0.01mm。

测量时，先在测量的间距内或表面上使测杆预压缩 1~2mm（短指针转动 1~2 格）以消除测杆的游隙和预留测量所需要的余量，然后转动活动表盘（刻有 100 等份小格），使长指针对准该表面上的零刻度线，即可进行测量。

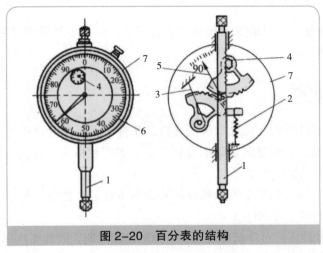

图 2-20 百分表的结构

1—测杆；2，3—回位弹簧；4—短指针；5—长指针；
6—活动表盘；7—表壳

5. 内径百分表

内径百分表由百分表、表架和一套不同长度的可换接杆组成，它是用相对测量法测量孔径的。

内径百分表按测量范围可分为 10~18mm、18~35mm、35~50mm 和 50~160mm 四种。汽车修理中，测量气缸直径的量缸表是测量范围为 50~160mm 的内径百分表，其结构如图 2-21 所示。

用量缸表测量气缸直径时，应根据所测气缸直径尺寸，装上该量程的接杆并用标定过的外径千分尺校对。

> **注意**
> 对于量具的使用，应注意操作的规范性，一般应进行清洁、校零，然后再进行读数。

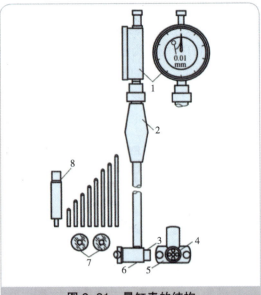

图 2-21 量缸表的结构

1—百分表；2—表杆；3—接杆座；4—活动测杆；
5—支撑架；6—接杆；7—固定螺帽；8—加长接杆

六、汽车零件的常用修理方法

尽管目前汽车修理过程中换件修理越来越多，但零件修理尚普遍存在，只要修理方法合适，零件修理仍具有修旧利废、节约原材料和降低维修费用的优点。

汽车零件的修理方法很多，如机械加工法、焊修法、校正法和喷涂、喷焊、堆焊、电镀、刷镀、黏结等。

（一）机械加工修理法

机械加工是零件修理过程中最基本和最主要的方法。汽车零件修理最常用的机械加工方法是修理尺寸法和镶套修理法。

1. 修理尺寸法

修理尺寸法是在零件结构、强度和硬度允许的条件下，将配合副中主要零件的损伤表面进行机械加工至规定的尺寸，恢复其正确的几何形状和表面粗糙度，更换与其相配合的零件，从而恢复配合副配合性质的修理方法。

修理尺寸的大小与级别取决于汽车修理间隔期内零件的磨损量、加工余量、磨损造成的几何形状变化以及使用的安全可靠性。

使用修理尺寸法修理零件可降低修理成本、缩短修理时间，因此在汽车修理中被广泛采用，如缸体与缸套、气缸与活塞、曲轴与轴承等。

2. 镶套修理法

镶套修理法是对磨损的孔或外圆表面进行机械加工，把内衬套或外衬套以一定的过盈装在孔内或轴颈上，再进行机械加工，从而恢复到原来尺寸的修复方法。

镶套前应检查配合件的尺寸和形状并做好除锈等清洁工作，镶入时应保证压入件垂直、平稳压入，切忌用锤重击砸入。

镶套修理法能一次恢复较多的磨损量，具有工艺简单、操作方便、节约材料等优点，被广泛应用于汽车基础件或主要零件的局部磨损部位的修理中，如气缸、气门座、气门导管等。

（二）焊修法

焊修法是利用电弧或气体火焰的热量，将焊条和零件金属熔化，使焊丝金属填补在零件上，以修复零件的裂纹、裂缝、破裂、磨损和断裂的修复方法。汽车零件的焊修可分为补焊、堆焊、喷焊和钎焊，其中补焊在汽车修理中被普遍应用。

（三）校正修理法和黏结修理法

1. 校正修理法

校正修理法是指利用外力或火焰使零件产生新的塑性变形，消除原有变形并恢复零件的正确形状的方法。校正修理法有压力校正、火焰校正和敲击校正等几种。汽车零件修理中常用的校正修理法是压力校正，如用压力校正轴类零件、车架、连杆等。

2. 黏结修理法

黏结修理法是采用黏结剂把裂纹、裂缝、断裂或两个独立零件进行黏补或连接的一种工艺方法。在汽车修理中，黏结可用于缸体、水箱、蓄电池壳的堵漏密封，制动蹄与摩擦衬片的连接等。

汽车零件修理所用黏结剂有无机黏结剂和有机黏结剂两类。随着化学工业的发展，有机黏结剂的品种越来越多，性能越来越好，使用方便。此外，黏结剂密封性好，耐酸、碱、油、水和腐蚀，不需要进行防腐、防锈等处理。因此，尽管目前其还存在着黏结强度较低、耐高温和抗冲击性能较差等不足，黏结修理在汽车修理和应急处理中仍得到广泛应用。

（四）其他修复法

为恢复已磨损零件的原始尺寸，可采用堆焊、喷涂、喷焊、电镀和刷镀等工艺对零件进行修复。

课题三

汽车修理工要求及 7S 管理

学习任务

1. 了解汽车修理工定义。
2. 了解汽车修理工资格证书申报及鉴定要求。
3. 了解汽车修理工鉴定理论与技能操作的比重。
4. 了解"7S"内容。
5. 掌握汽车修理工工作要求。

任务一 汽车修理工要求

一、汽车修理工

汽车修理工是指使用工、夹、量具,仪器仪表及检修设备进行汽车维护、修理和调试的人员。

汽车修理工共设五个等级:初级(国家职业资格五级)、中级(国家职业资格四级)、高级(国家职业资格三级)、技师(国家职业资格二级)、高级技师(国家职业资格一级)。

二、汽车修理工资格证书申报及鉴定要求

(一)申报条件

汽车修理工要求高中毕业(含等同学历)、技校毕业等。

1. 初级申报条件

具备以下条件之一者可申报初级汽车修理工。
①经本职业初级正规培训达规定标准学时数，并取得毕（结）业证书。
②在本职业连续见习工作2年以上。
③本职业学徒期满。

2. 中级申报条件

具备以下条件之一者可申报中级汽车修理工。
①取得本职业初级职业资格证书后，连续从事本职业工作3年以上，经本职业中级正规培训达规定标准学时数，并取得毕（结）业证书。
②取得本职业初级职业资格证书后，连续从事本职业工作5年以上。
③连续从事本职业工作7年以上。
④取得经劳动保障行政部门审核认定的、以中级技能为培养目标的中等以上职业学校本职业（专业）毕业证书。

3. 高级申报条件

具备以下条件之一者可申报高级汽车修理工。
①取得本职业中级职业资格证书后，连续从事本职业工作4年以上，经本职业高级正规培训达规定标准学时数，并取得毕（结）业证书。
②取得本职业中级职业资格证书后，连续从事本职业工作7年以上。
③取得高级技工学校或经劳动保障行政部门审核认定的、以高级技能为培养目标的高等职业学校本职业（专业）毕业证书。
④取得本职业中级职业资格证书的大专以上本专业或相关专业毕业生，连续从事本职业工作2年以上。

4. 技师申报条件

具备以下条件之一者可申报汽车维修技师。
①取得本职业高级职业资格证书后，连续从事本职业工作5年以上，经本职业技师正规培训达规定标准学时数，并取得毕（结）业证书。
②取得本职业高级职业资格证书后，连续从事本职业工作8年以上。
③高级技工学校本职业（专业）毕业生，连续从事本职业工作满2年。

5. 高级技师申报条件

具备以下条件之一者可申报汽车维修高级技师。
①取得本职业技师职业资格证书后，连续从事本职业工作3年以上，经本职业高级技师正

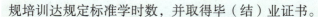
课题三 汽车修理工要求及 7S 管理

规培训达规定标准学时数，并取得毕（结）业证书。

②取得本职业技师职业资格证书后，连续从事本职业工作 5 年以上。

（二）鉴定要求

汽车修理工鉴定考试分为理论知识考试和技能操作考核，理论知识考试采用闭卷笔试方式，技能操作考核采用现场实际操作方式进行。理论知识考试和技能操作考核均实行百分制，两门均达到 60 分以上者为合格。技师和高级技师鉴定还须进行综合评审。

1. 考评人员与考生配比

理论知识考试考评人员与考生配比为 1∶20，技能操作考评人员与考生配比为 1∶5。

2. 鉴定时间

根据职业等级不同，理论知识考试时间为 90~120min，技能操作考核时间为 150~240min，论文答辩时间不少于 40min。

3. 鉴定场所设备

理论知识考试在标准教室进行。技能操作考核在具有必备的设备、仪器仪表、工、夹、量具及设施、通风条件良好，光线充足和安全措施完善的场所进行。

三、汽车修理工工作要求

汽车修理工按照工种不同，工作要求也不相同。高级别包含低阶别工作要求。

（1）初级汽车修理工工作要求，见表 3-1。

表 3-1 初级汽车修理工工作要求

职业功能	工作内容	技能要求	相关知识
一、汽车维护作业	（一）一级维护作业	①能正确使用常用工具，会使用扭矩扳手 ②按车型要求完成润滑和补给作业 ③按车型要求完成紧固作业 ④按车型规定完成机油、空气和燃油滤清器维护作业	汽车一级维护作业项目及技术要求
	（二）二级维护作业前的检查	能按车型、技术要求使用仪器进行检验与技术评定，确定维护作业中的小修项目	①汽车专用检测仪器仪表的名称、规格、用途和使用方法 ②汽车二级维护前的检测项目和技术要求

续表

职业功能	工作内容	技能要求	相关知识
一、汽车维护作业	（三）二级维护作业	能按车型要求及检验结果完成调整气门间隙、调整怠速、调整点火正时、调整离合器踏板自由行程作业，能检查和调整汽车前轮前束，调整车轮制动器的制动间隙等二级维护作业项目	汽车二级维护作业项目及技术要求
	（四）汽车的小修作业	能完成更换气门导管、气门座圈，更换气缸垫，铰削转向节主销衬套等小修作业	小修作业的有关修理标准和工艺规范
二、简单故障排除	（一）诊断与排除汽油发动机油路、电路的简单故障	①能诊断与排除一般油路的故障 ②能诊断与排除一般电路的故障	①汽车油路、电路故障的诊断方法 ②化油器的一般构造与工作原理
	（二）诊断与排除汽车底盘的简单故障	①能诊断与排除离合器的简单故障 ②能诊断与排除变速器漏油、轮毂轴承异响、制动鼓过热等简单故障	①汽车底盘故障的诊断方法 ②离合器的结构与工作原理 ③非金属材料的基础知识 ④摩擦的有关知识

（2）中级汽车修理工工作要求，见表3-2。

表3-2 中级汽车修理工工作要求

职业功能	工作内容	技能要求	相关知识
一、汽车修理	（一）汽车零件的检测、分类	①能看懂较复杂的汽车零件图，运用公差配合与技术测量的有关知识检测发动机、底盘各总成的基础零件 ②能对汽车零件进行检测、分类 ③能分析典型零件的损坏原因	金属材料及热处理的相关知识
	（二）汽车总成部件的检修	①能够完成发动机缸体组件的装配与调整 ②能够完成缸盖组件的装配与调整 ③能够完成离合器的装配与调整 ④能够完成发动机配气机构的装配与调整 ⑤能够完成鼓式制动器的装配与调整 ⑥能够完成盘式制动器的装配与调整 ⑦能够完成变速器的分解、组装与调试 ⑧能够完成主减速器、差速器的分解、组装与调整 ⑨能够完成转向器的检测与维修 ⑩能够完成起动机的检测与维修 ⑪能够完成交流发电机的检测与维修 ⑫能够完成空调系统的检测与调整	汽车零件的装配标准和工艺规范
	（三）总成的大修	能独立完成发动机及底盘各总成的大修	发动机及底盘各总成的大修标准和工艺规范

续表

职业功能	工作内容	技能要求	相关知识
一、汽车修理	（四）汽车总成竣工验收	①能对发动机、变速器、主减速器等总成进行竣工验收 ②能对发动机尾气排放进行检测与调试 ③能对发电机、起动机、空调等设备进行竣工验收	整车竣工验收标准及工艺规范
二、汽车故障诊断与排除	（一）诊断与排除发动机和底盘异响	①能诊断和排除发动机异响 ②能诊断和排除万向传动装置异响 ③能诊断和排除变速器异响 ④能诊断和排除差速器异响	故障的现象、原因
	（二）诊断与排除汽车发动机燃料供给系和点火系的综合故障	①能诊断与排除化油器式发动机油耗过高、起动困难、转速不稳等综合故障 ②能诊断与排除发动机点火系统高、低压电路故障 ③能诊断与排除电控喷射汽油发动机油耗过高、起动困难、运转不稳等典型故障 ④能诊断与排除柴油发动机起动困难、运转不稳等故障	①电控喷射汽油发动机的构造和工作原理 ②点火系统的构造和工作原理 ③柴油发动机燃料供给系的构造和工作原理
	（三）运用仪器仪表对车辆进行检测	①能对发动机点火提前角进行检测 ②能对电控喷射汽油发动机的燃油压力进行检测 ③能对柴油发动机的喷油提前角进行检测与调整，能对柴油发动机喷油泵进行调校 ④能对柴油发动机喷油器进行调校 ⑤能对电控喷射汽油发动机燃油泵的工作电流进行检测	①发动机点火提前角的调整方法 ②电控喷射汽油发动机燃油压力的检测方法 ③柴油发动机喷油提前角的调整方法，喷油泵的调校方法 ④柴油发动机喷油器的调校方法 ⑤电控喷射汽油发动机燃油泵工作电流的检测方法

（3）高级汽车修理工工作要求，见表3-3。

表3-3　高级汽车修理工工作要求

职业功能	工作内容	技能要求	相关知识
一、汽车大修	（一）编制汽车各总成主要零件的修理工艺卡	能编制曲轴、气缸体、变速器壳体、差速器壳体等零件的修理工艺卡	①汽车各总成主要零件的技术标准 ②金属材料与热处理工艺知识 ③机械制图 ④公差配合与技术测量
	（二）主持汽车整车或总成的大修	能主持汽车发动机、底盘及整车的大修作业	汽车典型零件的修复方法
二、汽车大修验收	（一）接车验收	能使用仪器、仪表对送修车辆的技术状况进行检测，确定维修项目	车辆和总成的送修标准
	（二）过程验收	①能使用量具、仪器、仪表检测已修复的零件 ②能按工艺规程监控维修质量	汽车零件修理的技术标准

续表

职业功能	工作内容	技能要求	相关知识
二、汽车大修验收	（三）竣工验收	能根据竣工验收标准，使用仪器、仪表检测修竣车辆的质量	车辆和总成大修竣工验收技术标准
三、解决汽车疑难故障	（一）诊断发动机疑难故障	①能用仪器检测、分析油耗超标等故障 ②能用仪器检测、分析气缸异常磨损等故障 ③能用仪器检测、分析排放超标等故障	①机动车辆技术性能的检测标准 ②汽车运输业车辆技术管理规定 ③发动机理论（发动机的工作循环、性能指标与特性）知识 ④汽车理论（汽车的动力性、经济性、制动性、行驶稳定性、平顺性与通过性）
三、解决汽车疑难故障	（二）诊断底盘疑难故障	①能用仪器检测、分析前轮异常磨损和摆振 ②能用仪器检测、分析汽车驱动桥异响 ③能用仪器检测、分析自动变速器打滑等故障 ④能用仪器检测、分析汽车制动防抱死装置失效	①汽车综合性能检测线的组成、设备、检测项目及检测设备的标定与使用 ②电工学与电子学知识 ③传感器、执行元件的构造、性能与工作原理 ④故障码阅读仪（解码器）、示波器、专用检测仪的分类、组成、原理、使用与调整方法
四、指导初、中级工技能操作	（一）指导初、中级工技能操作	能够指导初、中级工完成汽车、总成的大修，排除常见故障	①汽车的新技术、新工艺、新材料知识 ②全面质量管理知识
四、指导初、中级工技能操作	（二）安全技术培训	能对初、中级工进行安全、技术培训	

（4）汽车维修技师工作要求，见表3-4。

表3-4　汽车维修技师工作要求

职业功能	工作内容	技能要求	相关知识
一、汽车修理	（一）汽车维修中的复杂技术难题 （二）组织协调维修作业 （三）处理维修过程中的关键问题	①能组织、指导维修人员解决本职业维修过程中发动机、底盘、电器等设备出现的关键或疑难技术问题 ②能运用发动机与汽车理论分析维修质量对汽车性能的影响 ③具有运用公差配合知识的能力 ④能看懂较复杂的汽车装配图	①发动机理论与汽车理论 ②工程力学的相关知识 ③机械设计的相关知识 ④环保的相关知识 ⑤脉冲与数字电路的基本知识 ⑥汽车维修的常用英语词汇 ⑦各种控制方式（如开环、闭环、模糊、逻辑等）的基础知识及在汽车上的应用
二、诊断排除疑难故障	汽车电控喷射发动机、自动变速器等疑难故障的诊断	①能运用各种仪器、仪表检测电控喷射汽油发动机和自动变速器的各种参数 ②会查阅各种车型的相关资料 ③能写出故障分析报告	①故障分析报告的内容和写作方法 ②技术资料检索的知识
三、培训	对初、中、高级工进行培训	①能编写相关的讲义 ②能运用和制作相关教具 ③具有一定的语言表达能力	

续表

职业功能	工作内容	技能要求	相关知识
四、管理	（一）汽车修理的生产管理	①能进行成本核算和定额管理 ②能进行技术总结、技术论文的撰写	①成本核算和定额管理 ②技术总结的内容和写作方法 ③技术论文的内容和写作方法 ④车辆技术管理知识
	（二）技术总结与论文的撰写		

（5）汽车维修高级技师工作要求，见表3-5。

表3-5 汽车维修高级技师工作要求

职业功能	工作内容	技能要求	相关知识
一、汽车维修	（一）编制汽车维修的工艺规程	能测绘较复杂的汽车零件草图及工具、量具、夹具图纸	编写汽车维修工艺规程的知识
	（二）解决维修过程中出现的技术难题	能解决维修过程中发动机、底盘、电器等部件出现的复杂技术难题	
二、汽车复杂疑难故障排除	（一）诊断发动机在使用过程中出现的故障	①能诊断多气门发动机工作不稳定的原因 ②能使用发动机综合性能检测仪进行发动机性能的测试和检查 ③能诊断废气涡轮增压发动机不稳定的原因	①多气门发动机的工作过程 ②发动机综合性能检测仪的结构、原理及使用方法
	（二）诊断底盘在使用过程中出现的故障	①能诊断自动变速器在使用过程中出现复杂故障的原因 ②能诊断电控差速器在使用过程中出现故障的原因 ③能诊断电子控制动力转向（EPS）在使用过程中出现故障的原因	①计算机在汽车上应用的相关知识 ②自动变速器构造原理与控制理论 ③电控差速器工作原理
三、生产管理	（一）质量管理	能依据技术文件，按ISO 9000的要求指导维修	ISO 9000质量管理基础知识
	（二）组织实施维修作业	能按具体部门的生产能力及技术能力确定维修作业的组织形式	汽车修理企业设计相关知识
	（三）撰写技术总结和论文	撰写技术论文和技术总结	
四、技术改造、技术革新	（一）设备、车辆、工艺的改进	①能对设备、工艺提出改进意见 ②能参与引进、推广、使用新设备、新技术、新工艺 ③能借助字典等相关工具阅读有关汽车修理的外文资料	计算机基础知识
	（二）参与科学试验和研究		
五、培训	汽车修理培训	①能对高级修理工和技师进行培训 ②能进行新知识、新技术、新工艺的专题讲座	

四、汽车修理工理论知识与技能操作鉴定比重

1. 初级汽车修理工

（1）理论知识（表3-6）。

表3-6　初级汽车修理工理论知识

项目		比重/%
基本要求	职业道德	5
	基础知识	35
相关知识	汽车维护作业	
	一级维护作业	5
	二级维护作业前的检查	5
	二级维护作业	15
	汽车的小修作业	15
	简单故障排除	
	诊断与排除汽油发动机油路、电路的简单故障	10
	诊断与排除汽车底盘的简单故障	10
合计		100

（2）技能操作（表3-7）。

表3-7　初级汽车修理工技能操作

项目		比重/%
工作要求	汽车维护作业	
	一级维护作业	15
	二级维护作业前的检查	10
	二级维护作业	20
	汽车的小修作业	15
	简单故障排除	
	诊断与排除汽油发动机油路、电路的简单故障	20
	诊断与排除汽车底盘的简单故障	20
合计		100

2. 中级汽车修理工

（1）理论知识（表3-8）。

表3-8　中级汽车修理工理论知识

项目		比重/%
基本要求	职业道德	5
	基础知识	20
相关知识	汽车维护作业	
	汽车零件的检测和分类	5
	汽车总成零件的检修	15
	汽车总成的大修	15
	汽车总成竣工验收	5
	简单故障排除	
	诊断与排除发动机和底盘异响	10

续表

项目		比重/%
相关知识	简单故障排除	诊断与排除汽车发动机燃料供给系统和点火系统的综合故障	15
		运用仪器仪表对车辆进行检测	10
合计			100

(2) 技能操作（表3-9）。

表3-9 中级汽车修理工技能操作

项目		比重/%
工作要求	汽车维护作业	汽车零件的检测和分类	10
		汽车总成零件的检修	20
		汽车总成的大修	20
		汽车总成竣工验收	10
	简单故障排除	诊断与排除发动机和底盘异响	10
		诊断与排除汽车发动机燃料供给系统和点火系统的综合故障	20
		运用仪器仪表对车辆进行检测	10
合计			100

3. 高级汽车修理工

(1) 理论知识（表3-10）。

表3-10 高级汽车修理工理论知识

项目		比重/%
基本要求		职业道德	5
		基础知识	10
相关知识	汽车大修	编制汽车各总成主要零件的修理工艺卡	5
		主持汽车整车或总成的大修	10
	汽车大修验收	接车验收	5
		过程验收	5
		竣工验收	5
	解决汽车疑难故障	诊断发动机疑难故障	15
		诊断底盘疑难故障	15
	指导初、中级工技能操作	指导初、中级工技能操作	25
		安全技术培训	
合计			100

(2) 技能操作（表3-11）。

表 3-11　高级汽车修理工技能操作

项目			比重/%
工作要求	汽车大修	编制汽车各总成主要零部件的修理工艺卡	10
		主持汽车整车或总成的大修	10
	汽车大修验收	撞车验收	10
		过程验收	5
		竣工验收	15
	解决汽车疑难故障	诊断发动机疑难故障	20
		诊断底盘疑难故障	20
	指导初、中级工技能操作	指导初、中级工完成技能操作	5
		安全技术培训	5
合计			100

4. 汽车维修技师

（1）理论知识（表 3-12）。

表 3-12　汽车维修技师理论知识

项目			比重/%
基本要求		职业道德	5
		基础知识	10
相关知识	汽车修理	汽车维修中的复杂技术难题	15
		组织协调维修作业	10
		处理维修过程中的关键问题	10
	诊断排除疑难故障	汽车电控喷射发动机、自动变速器等疑难故障的诊断	30
	培训	对初、中、高级工进行培训	10
	管理	汽车修理的生产管理	5
		技术总结与论文的撰写	5
合计			100

（2）技能操作（表 3-13）。

表 3-13　汽车维修技师技能操作

项目			比重/%
工作要求	汽车修理	汽车维修中的复杂技术难题	10
		组织协调维修作业	10
		处理维修过程中的关键问题	10
	诊断排除疑难故障	汽车电控喷射发动机、自动变速器等疑难故障的诊断	30
	培训	对初、中、高级工进行培训	15
	管理	汽车修理的生产管理	15
		技术总结与论文的撰写	10
合计			100

5. 汽车维修高级技师

（1）理论知识（表3-14）。

表3-14 汽车维修高级技师理论知识

项目			比重/%
基本要求		职业道德	5
		基础知识	10
相关知识	汽车修理	编制汽车维修的工艺规程	10
		解决维修过程中出现的技术难题	15
	汽车复杂疑难故障排除	诊断发动机在使用过程中出现的故障	15
		诊断底盘在使用过程中出现的故障	15
	生产管理	质量管理	5
		组织实施维修作业	5
		撰写技术总结和论文	5
	技术改造、技术革新	设备、车辆、工艺的改进	5
		参与科学试验和研究	
	培训	汽车修理培训	10
合计			100

（2）技能操作（表3-15）。

表3-15 汽车维修高级技师技能操作

项目			比重/%
技能要求	汽车修理	编制汽车维修的工艺规程	10
		解决维修过程中出现的技术难题	20
	汽车复杂疑难故障排除	诊断发动机在使用过程中出现的故障	20
		诊断底盘在使用过程中出现的故障	15
	生产管理	质量管理	5
		组织实施维修作业	5
		撰写技术总结和论文	5
	技术改造、技术革新	设备、车辆、工艺的改进	5
		参与科学试验和研究	
	培训	汽车修理培训	15
合计			100

任务二　常见4S店售后组织框架及岗位职责

"7S"活动起源于日本，是在"5S"的基础上完善而来的，在"5S"的基础上加上了安全和节约。"7S"是整理（Seiri）、整顿（Seiton）、清扫（Seiso）、清洁（Seiketsu）、素养（Shitsuke）、安全（Safety）和节约（Save）这7个词的缩写。因为这7个词日语和英文中的第一个字母都是"S"，所以简称为"7S"，开展以整理、整顿、清扫、清洁、素养、安全和节约为内容的活动，称为"7S"活动。

一、整理

把需要与不需要的人、事、物分开，再将不需要的人、事、物加以处理，这是开始改善生产现场的第一步。其要点是，首先，对生产现场的现实摆放和停滞的各种物品进行分类，区分什么是现场需要的，什么是现场不需要的；其次，对于现场不需要的物品，诸如用剩的材料、多余的半成品、切下的料头、切屑、垃圾、废品、多余的工具、报废的设备、工人的个人生活用品等，要坚决清理出生产现场，这项工作的重点在于坚决把现场不需要的东西清理掉。对于车间里各个工位或设备的前后、通道左右、厂房上下、工具箱内外，以及车间的各个死角，都要彻底搜寻和清理，达到现场无不用之物。坚决做好这一步，是树立好作风的开始。日本有的公司提出口号：效率和安全始于整理！

整理的目的是增加作业面积，保持物流畅通、防止误用等。

二、整顿

把需要的人、事、物加以定量、定位。通过前一步整理后，对生产现场需要留下的物品进行科学合理的布置和摆放，以便用最快的速度取得所需之物，在最有效的规章、制度和最简捷的流程下完成作业。

整顿活动的目的是：使工作场所整洁明了，一目了然，减少取放物品的时间，提高工作效率，保持井井有条的工作秩序区。

三、清扫

把工作场所打扫干净，设备异常时马上修理，使之恢复正常。生产现场在生产过程中会产生灰尘、油污、铁屑、垃圾等，从而使现场变脏。脏的现场会使设备精度降低，故障多发，影响产品质量，使安全事故防不胜防；脏的现场更会影响人们的工作情绪，使人不愿久留。因此，必须通过清扫活动来清除那些脏物，创建一个明快、舒畅的工作环境。

清扫活动的目的是使员工保持一个良好的工作情绪，并保证稳定产品的品质，最终保障企业生产零故障和零损耗。

四、清洁

整理、整顿、清扫之后要认真维护，使现场保持完美和最佳状态。清洁，是对前三项活动的坚持与深入，从而消除发生安全事故的根源，创造一个良好的工作环境，使职工能愉快地工作。

清洁活动的目的是使整理、整顿和清扫工作成为一种惯例和制度，是标准化的基础，也是一个企业形成企业文化的开始。

五、素养

素养即教养，努力提高人员的素养，养成严格遵守规章制度的习惯和作风，这是"7S"活动的核心。没有人员素质的提高，各项活动就不能顺利开展，即使能开展也坚持不下去。所以，开展"7S"活动，要始终着眼于提高人的素质。

提高素养目的是通过素养让员工成为一个遵守规章制度，并具有良好工作素养习惯的人。

六、安全

安全即清除隐患，排除险情，预防事故的发生。

安全活动的目的是保障员工的人身安全，保证生产连续、安全、正常地进行，同时减少因安全事故而带来的经济损失。

七、节约

节约就是对时间、空间、能源等方面合理利用，以发挥它们的最大效能，从而创造一个高效率的、物尽其用的工作场所。

课题四　汽车维修接待

学习任务

1. 了解汽车业务接待的基本流程。
2. 了解服务顾问的要求。
3. 掌握汽车维修业务接待的一般流程。
4. 掌握基本的礼仪姿态要求。

任务一　汽车维修接待基本流程

一、维修业务接待的作用

顾客进入维修企业，第一步踏入的是维修企业的接待大厅，大厅的环境影响着企业在顾客心中的第一印象，如图4-1所示。因此，业务接待大厅的设置要从全盘考虑，布置要结合所修的主导车型进行个性化设计，力求具有较强的舒适性、较好的亲和力，显示出庄重性和技术性。加强业务接待人员素养培训，提高接待员的服务水平和素质，使顾客信任企业，使顾客愿意在企业修车，从而将顾客变为企业的"回头客"。

图4-2所示为顾客满意与特约店收益的关系。

从众多企业的成功经验来看，只有在汽车维修业务接待这个"第一窗口"彻底改善服务，才能降低顾客不满意的发生概率。可见，接待对汽车维修企业的发展有着至关重要的作用。

1. 窗口作用

汽车维修企业的形象主要由企业文化、企业效率、企业信誉及经营环境等要素组成。良好

课题四 汽车维修接待

图 4-1 维修企业的接待大厅

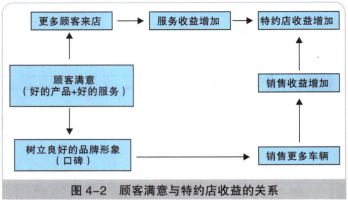

图 4-2 顾客满意与特约店收益的关系

的企业形象会在公众中产生深刻的认同感和信任感，进而转化为巨大的经济效益。维修业务接待员在顾客中的形象就是企业形象的直接反映，是企业形象的"窗口"，其言谈举止、待人接物、服务水平等直接关系着企业形象的好坏。

2. 桥梁作用

维修业务接待有很多种不同的称谓，如维修接待员、维修顾问、接待专员、诊断顾问等。维修接待岗位工作人员的重要性体现在他是顾客进厂碰到的第一人，是和顾客接触时间最多的一个人。如果维修接待的服务好、顾客信赖高，他就可能是顾客在维修服务中心唯一接触的人。因为顾客的时间有限、专业不足，所以很容易将爱车交给业务接待员后就放心等待结果。从理论上讲，来维修企业维修车辆的顾客是由业务接待员从头到尾完成接待工作的。

3. 影响收益

赢得顾客的忠诚是企业整个集体的责任，也是企业盈利的关键。因此，各个部门之间应当密切配合。销售部门每卖出一辆车，就有责任把这个新的顾客带到维修部，介绍给维修部。因为销售部门的顾客很有可能将来会成为维修部门的忠诚顾客。而维修部门的责任是当发现他们的顾客有购买动机的时候，就必须把这个顾客介绍给销售部门。这样，使顾客能够再回过头来购买企业的新车。

4. 反映企业整体的服务、技术和管理水平

维修企业整体素质的高低，无论是有关技术的、管理的，都可以从维修接待员身上反映出来。维修接待员在接车、估价等环节中所表现出的解决问题和处理问题的能力，直接体现了维修企业技术水平的高低；维修接待员从接车到交车的全过程中所表现出的工作条理性和周密性，具体体现了维修企业服务和管理水平的高低。

如果维修业务接待服务好，则顾客对企业信赖就高。

另外,伴随着顾客的信任,接待人员的业务接待专业能力会不断提高,其所扮演的角色就是如何建议顾客做最好的维修项目,以保障车辆的长期使用。因此,业务接待员的专业性为顾客所依赖,同时只要说服力强,就可以向顾客提最合理的建议,这就是维修企业重要的业绩来源,同时又有助于业绩的稳定提升。

维修业务接待员需要掌握汽车维修企业的工作流程及工作进度,其目的是为确认顾客的车辆维修进度,了解能否在顾客认知的时间内顺利完成,或者是告知顾客车辆的维修状况。

最后,维修业务接待员为顾客检查车辆,让顾客从进企业到交车能接受完整的服务,达到顾客满意的目的,从而提高顾客满意度,最终提高顾客对汽车品牌的忠诚度和对汽车维修企业的忠诚度。

> **案例**
>
> 某维修企业的一个业务接待人员辞职了,老板让车间唯一的质检员接替,暂时不用质检员检验车辆了。虽然有很多人提出反对意见,老板却总是摇摇头,说让维修人员加强一下责任心就行了。此后陆续有零星返工发生,老板也没在意,直到有一天一个维修人员在更换广州本田机油滤芯时,由于用力过猛,造成滤芯表面变形,当时没有人发现,车辆就交车出厂了。后来车辆在高速路行驶,滤芯表面变形处破裂,机油漏出,造成发动机烧瓦,损失了一万多元。

二、维修接待业务一般流程

汽车维修企业维修服务工作的实施水平直接体现了企业的经营管理水平,接待和维修服务流程实际上就是汽车维修企业的维修业务管理流程。

作为标准服务流程,各个品牌对旗下专卖店都有明确的要求。无论是七步标准服务流程,还是九步标准服务,甚至十三步,各家的核心环节都是大同小异的,只是在七步标准服务流程的基础上进行了细分,如图4-3所示。

同时,各个汽车厂家标准流程也有所不同,图4-4所示为进口大众汽车售后服务核心流程。

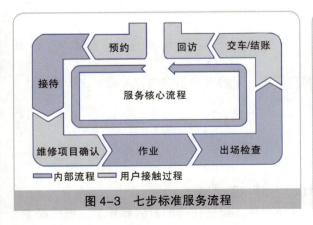

图4-3 七步标准服务流程

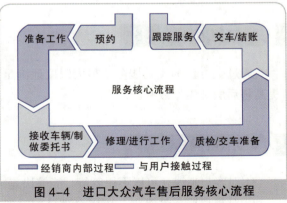

图4-4 进口大众汽车售后服务核心流程

课题四 汽车维修接待

关键业务流程简介如表 4-1 所示。

表 4-1 关键业务流程简介

流程	流程开展地点
预约	①与客户预约、确认首保进厂时间，提高首保进场率 ②了解有无故障，提前准备好工位、备件和接待人员
接待	①客户车辆到场后，服务顾问主动出迎，自我介绍 ②询问客户进厂目的，是否有其他车辆故障需要检查。如有，则填写《车辆问诊表》，初步判定处理意见 ③为车辆铺设清洁套件 ④与客户共同确认车辆外观 ⑤提示客户随身携带车内贵重物品 ⑥说明首次保养的项目和所需时间
维修项目确认	①根据本次保养和维修的项目，开具"修理委托单" ②向客户说明建议项目和提醒项目。如同意，加入维修项目；如不同意，作为备注项提醒 ③说明本次维修所需费用及作业时间 ④请客户签字确认本次维修项目
作业	①将"修理委托单"传递到车间安排作业 ②引导客户到休息区等待，递上茶水 ③介绍休息区设施
出场检查	①车间内三级检查，确保车辆完成"维修委托单"的全部项目 ②保养维修完毕，清洗车辆并擦干 ③车辆停在交车区，车钥匙、旧件等交维修顾问

（一）预约

1. 预约的定义

与客户约定一个时间，聆听客户所说的内容，并记录车辆信息与客户的需求，最终确认所达成的协议。

2. 预约的目的

通过全方位的预约服务，最大限度地满足客户需求，了解客户预约内容并做好充分准备，提高售后服务工作效率。

3. 预约的好处

①对客户来说，可以不用等待，能够快速维修，保证取的时间。
②对售后服务站来说，可以合理分配时间，接待有序，保证接待的时间和质量。维修派工单尽量错开，保证修车时间、交车时间。提高维修车间的利用效率，避免工作拥挤，使维修车间利用最大化。

（二）接待

接待是专卖店服务给客户的第一印象，也是最重要的客户接触点之一，热情、专业是最重要的标签。服务顾问需要在整个接待环节中严格按照厂家的标准作业流程执行，充分体现出与社会修理厂的不同所在。

在客户到售后服务站之前，服务顾问应该准备好标准作业单、清洁三件套，准备好接待场地，并与预约客户提前确认或通知。同时还要做好个人外表、状态的调整，以饱满的热情迎接客户的到来。

①客户进厂时，热情主动迎接问好，做自我介绍。

②询问客户进厂目的，除首次保养外是否还有其他车辆故障需要检查。如有，填写《车辆问诊表》，初步判定处理意见。

标准话术：

欢迎光临！先生（小姐）你好，我是××××店的服务顾问×××，这是我的名片。
您预约的是5 000公里首次保养是吧？请问您的车辆还有其他什么问题吗？
根据您所说的车辆状况，我们还需要到车间做进一步检查。请您暂时跟我到休息室稍等一会儿。
如果客户还提出其他问题，填写《车辆问诊表》（表4-2）。

③为车辆铺设清洁套件，至少包括座椅套、脚垫、方向盘套。

④与客户一起进行环车检查，共同确认车辆外观，同时提醒客户随身携带车内贵重物品。进口大众汽车售后服务核心流程标准如图4-5所示。

表4-2 车辆问诊表

××公司	问诊表	特许销售服务店全称
用户名＿＿＿＿＿＿ 车牌＿＿＿＿＿＿ 行驶里程＿＿＿＿＿＿ 驾驶员姓名＿＿＿＿＿＿ VIN码＿＿＿＿＿＿ 购车日期＿＿＿＿＿＿ 用户地址＿＿＿＿＿＿ 电话＿＿＿＿＿＿ 来店时间＿＿＿＿＿＿		
用户陈述及故障发生时的状况：		
故障发生状况提示：行驶速度、发动机状态、发生频度、发生时间、部位、天气、路面状况、声音描述等		
服务顾问检测确认建议： 服务顾问：		
检测确认结果及主要故障零件部件： 维修技师：		

续表

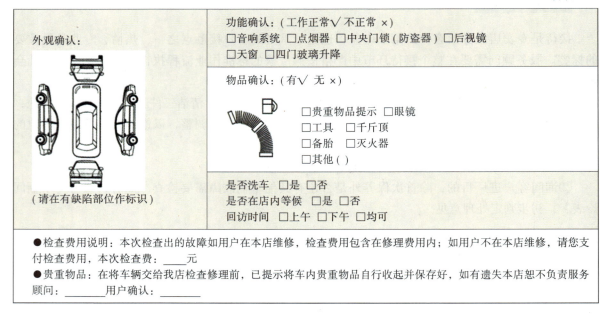

●检查费用说明：本次检查出的故障如用户在本店维修，检查费用包含在修理费用内；如用户不在本店维修，请您支付检查费用，本次检查费：____元
●贵重物品：在将车辆交给我店检查修理前，已提示将车内贵重物品自行收起并保存好，如有遗失本店恕不负责服务顾问：_____用户确认：_____

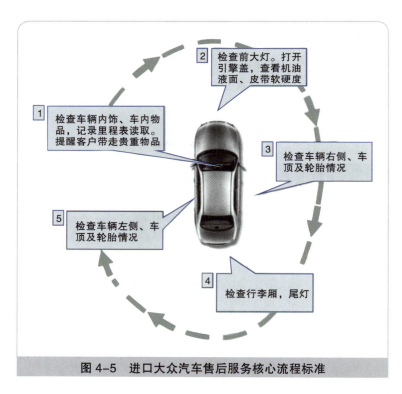

图 4-5　进口大众汽车售后服务核心流程标准

标准话术：

××先生你好，我先为您的车辆铺装清洁三件套，防止车辆被弄脏。然后我们一起确认一下车辆的外观，您看可以吗？

⑤说明首次保养的项目和所需时间，请客户出示首保卡。

（三）维修项目确认

维修项目交给车间作业前一定要客户签字确认，这是避免后期纠纷的重要环节。即便是免费的首保，也要客户签字确认，这是清楚地告知客户企业为他的爱车执行了哪些服务项目。
①根据本次保养和维修的项目，开具《修理委托单》。
②请客户签字确认本次维修项目。

标准话术：

××先生您好，这是您的《修理委托单》，上面所列的就是本次保养服务的所有项目，请您看一下。

如果《修理委托单》上的所有项目都清楚了，请您在这里签字确认。

③如有建议项目和提醒项目，向客户说明。如同意，加入维修项目；如不同意，作为备注项提醒。

（四）作业

绝大部分客户在维修保养期间是不离开专卖店的，而客休区则是客户在此期间停留最久的地方，是客户打量专卖店服务水平的重要场所，是感受专卖店增值服务的重要环节。专卖店要在这个区间多花心思，充分体现热情、周到的服务水平。
①《修理委托单》传递到车间安排作业。
②服务顾问引导客户到休息区等待，递上茶水。
③介绍休息区设施。
④说明自己的位置，让客户放心。
⑤作业过程如果有新增或者调整服务项目，一定要与客户确认后才能派工。

（五）出场检查

专业、有保障的维修服务是专卖店超越社会维修站最根本的优势。客户甚至会认为专卖店的修理技术是万能的，如果专卖店也修不好，客户对专卖店的能力就会有所怀疑。因此，在车辆修理后，即将交付给客户前，一定要仔细检查确认，确保所有事项都处理完毕，没有遗留问题。
①车间内实行三级质量检查，确保车辆完成保养维修的全部项目。一般维修需要经过维修人员自检、班组长检验、质检人员终检三个环节。单纯的保养可以省略班组长检验这一环节。
②保养维修完毕，清洗车辆并擦干。所有进厂服务的车辆修后都要经过清洗并擦干，保证车辆没有灰斑、水珠，行李箱边框擦洗完毕，烟灰缸取下清洗。
③车辆停在交车区，车钥匙、IH件等交维修顾问。服务顾问拿到钥匙、派工单后，对照检查所有项目是否已经完成，车辆是否清洁，修理中用户的车辆是否被损坏或者弄脏，修理中使用的工具和备件是否遗忘在车上，免费检查项目是否完成并签字。以上所有项目如果都已完成，则可以通知客户交车。如有未解决的问题，通知车间主任进行返修。

（六）交车／结账

交车是继接待环节以后又一个重要的接触点。尤其是首保交车，是专卖店第一次将服务成果移交客户，供客户全面审核的阶段。客户会用审慎的眼光考量修后交车的效果和过程的专业性。

①与客户共同确认车辆保养、维修完毕。
②解释保养项目和免费检测结果，介绍配件均为原装配件以及质量担保。
③再次对工单和费用做解释说明。
④引导客户到财务办理结算手续。
⑤取下清洁套件。
⑥讲解车辆保养常识，说明首保后车辆使用注意事项，提示下次保养时间。
⑦引导客户离开，礼貌送别。

服务顾问要帮助客户疏导车辆，目送客户离开服务站，确认不会在出门时遇到门卫就出门证问题耽误时间。

在门卫放行客户后，再次挥手跟客户告别。

（七）回访

无论是首次保养还是其他的维修保养，在客户离厂后，三日内要对客户进行回访，了解客户车辆状态是否正常，对服务是否满意。一方面主动服务提高客户的满意度；另一方面对潜在的客户抱怨及早发现，及早处理，避免客户抱怨扩散。

①根据 DMS 的维修工单，整理维修后三日回访的客户清单。
②客服专员对照清单进行回访，了解客户车辆的使用情况和对服务过程的满意度。
③对遗留问题再次预约客户进厂。
④抱怨客户转入投诉处理流程。

回访时遇到客户抱怨时，首先要向客户表示歉意，然后详细地记录下客户投诉的内容，并承诺尽快给客户联系处理。随后转入投诉处理流程，并及时给客户回复处理进度。

任务二　汽车维修接待基本礼仪

一、服务顾问的要求

随着汽车保有量的增加，汽车拥有者的身份不尽相同，也就形成了顾客需求的多样性。汽车维修企业为满足顾客需求，树立企业形象，提高企业的竞争力，纷纷开展顾问式服务，设置维修业务接待人员接待这一岗位，这里统称服务顾问。经过几年的发展，维修顾问已逐步成为汽车维修企业经营管理中的一个十分重要的岗位。

维修业务接待的好坏已作为衡量汽车维修企业好坏的依据，汽车维修企业也将业务接待作为企业营销战略的一个重要组成部分。这也对企业维修顾问的职业道德、从业条件均提出了一定的要求。

（一）服务顾问的职业道德规范

服务顾问的职业道德规范是指维修顾问进行维修业务接待工作过程中必须遵循的道德规范和行为准则。

服务顾问的职业道德规范是在汽车维修职业道德的指导下，结合实际业务接待的工作特征逐步形成的。维修顾问职业道德规范可归纳为：真诚待客，服务周到，收费合理，保证质量。

1. 真诚待客

真诚待客是指积极主动、热情耐心地对待顾客；做到认真聆听顾客的诉说，耐心回答顾客提出的问题，必要时做好记录；换位思考，设身处地地理解顾客的期望与要求，最大限度地与顾客达成共识。

2. 服务周到

服务周到是指在修前、修中和修后向顾客提供全方位的优质贴心的服务。

（1）修前服务。认真倾听顾客对车辆故障的描述；迅速、准确地诊断汽车故障；对维修内容、估算费用和完工时间进行详细说明，并使之认可；向顾客提供有关汽车保养等一些小建议、小提醒和其他相关信息。

（2）修中服务。修理项目要合理，避免重复收费和无故增加不必要的修理项目和费用。需要增加维修项目，要耐心、详细地向顾客说明，同时要征得顾客认可。随时了解生产部门维修进度，督促相关维修技术员按时完工。如发现不能按时完工，要及早告知顾客，说明缘由，取得顾客的谅解。结算前要向顾客详细说明维修内容、维修费用的组成，并征得顾客同意。交车时要简要介绍修车过程中的一些特殊情况、汽车现在的状况及使用当中应注意的问题等。

（3）修后服务。建立新顾客和车辆的档案，完善老顾客车辆维修技术档案；回访顾客时要热情、诚恳，对顾客提出的所有问题要认真、如实回答，对一些疑问要耐心解释，必要时要勇于承担责任，不可推诿和敷衍，对顾客的表扬和建议要表示感谢；处理好质量投诉，处理顾客投诉时，切忌当着顾客的面责怪工人或是当着工人的面责怪顾客；做好电话跟踪服务。

3. 收费合理

 汽车维修企业在承接维修业务接待时，要做到价格公道，严格按照交通行政管理部门制定的汽车维修工时定额和收费规范来核定企业的维修价格，也就是收费合理。不乱报工时，不高估，不小修当大修，更不可采取不正当的经营手段招揽业务。对行业的不正之风，服务顾问都应该自觉抵制。

4. 保证质量

保证质量主要是指保证车辆维修的质量。车辆维修过程中各工序要严格按照技术要求和操作规范进行生产；使用的原材料及零配件的规格、性能符合规定的规范；按规定的程序严格进行检验与测试；车辆故障完全排除，原来丧失的功能得以恢复；车辆使用寿命得以延长等。

（二）维修顾问必须具备的条件

根据许多汽车4S店的现状的调查和汽车工业发展水平来看，一个合格的服务顾问必须具备下列条件：

①具有汽车维修专业大专以上文化程度，或者取得中级维修工技术证书，以及具有在维修岗位3~5年以上的工作经验。

②身体健康、品貌端正，普通话流利，具有较强的表达能力和应变能力。

③熟悉国家和汽车维修行业有关价格、法律法规、政策。

④了解汽车维修汽车材料、汽车零配件知识以及汽车保险知识等，并有一定的相关工作经历。

⑤接受过专业的业务接待技巧培训。

⑥具备一定的财务知识，熟悉汽车维修价格结算流程。

⑦有驾驶证，能熟练驾驶汽车，熟悉计算机一般操作。

⑧有高度的责任心和良好的职业道德。

⑨接受过专业培训，经主管部门考核达到上岗要求。

（三）服务顾问必须具备的专业素质

服务顾问为完成其职责所需要具备的素质称为专业素质。服务顾问需要掌握维修技术、顾客服务、顾客沟通等专业知识和技巧，在与顾客的交流过程中能够从技术和服务的两个方面为顾客进行解释和劝说，让顾客接受。

（1）具备熟练的专业技能。熟练的专业技能是作为一名合格的服务顾问，必须具备熟练的专业技能。服务顾问根据其工作的需要应掌握相关业务知识。

①熟悉国家和汽车维修行业有关价格、保险、索赔等方面的法律法规和政策。

②熟悉和了解汽车维修专业知识，如汽车的类型及特征、汽车构造及基本原理、汽车材料及零配件知识、汽车维修工艺流程、常见故障，以及检测设备主要用途、各种工艺特点及成本构成并具有一定的维修技能和经验。

③掌握一定财务知识，懂得汽车维修收费结算流程。

④要适应企业现代化管理的要求，会驾驶，能熟练操作计算机运用相关软件进行本专业的辅助管理工作。

（2）学会优雅的形体语言及其表达技巧。人的气质通过优雅的形体语言及其表达技巧表现出来，掌握优雅的形体语言及其表达技巧能体现服务顾问的专业素质。

（3）思维敏捷，具备对顾客心理的洞察力。服务顾问要思维敏捷，并具备对顾客的洞察力，能洞察顾客的心理活动。对顾客心理活动的洞察力是处理好顾客投诉工作的关键。

（4）具备良好的沟通协调能力。服务顾问在工作岗位上，每天都要与顾客及其他岗位的同事打交道。所以，沟通协调能力是业务接待员的岗位要求之一。

（四）维修顾问的知识要求

维修顾问是客户与维修车间沟通的桥梁，维修顾问准确无误地将客户所表达的意思传递给维修车间，维修车间能更加快捷地了解客户需求，更加准确地解决客户的车辆问题。这就要求维修顾问对汽车的结构及原理、汽车常见故障、汽车维护与修理、汽车零配件、车辆维修工时定价，以及车辆保险等知识有深入了解。

1. 汽车结构及原理

汽车结构及原理主要包括汽车整车构造、汽车分类、汽车发动机构造原理、离合器结构原理、手动变速器结构原理、自动变速器结构原理（包括 CVT、双离合器自动变速器等）、安全气囊、ABS、空调、中央门锁和防盗、汽车照明警示等基本的汽车结构与原理知识。服务顾问只有深入了解了汽车的结构原理才能在客户表达出意思后，快速准确地预先判断故障部位和原因。

2. 汽车常见故障

汽车常见故障包括汽车常见故障现象及产生的原因；引起汽车故障的因素及诊断方法；常见汽车故障诊断的原理；常见汽车故障检测与诊断仪器及设备的使用方法及数据分析等。

3. 汽车维护与修理

汽车维护与修理知识包括车辆功能操作及驾驶；汽车维护内容及操作；汽车维修的主要工种及负责范围；汽车维修工艺；汽车维修过程及质量管理；汽车维修设备；汽车维修专用仪器等。

4. 汽车零配件

汽车零配件知识包括汽车配件的分类；汽车配件的储存方法与技巧；汽车配件的耗损规律；汽车配件质量鉴别方法；汽车配件的修复与更换原则等。

5. 车辆工时定价

车辆工时定价包括维修工时与工时费的标准与规定；汽车维修计费方法；维修服务站的管理系统等。

6. 车辆保险

车辆保险包括机动车保险基本知识；保险条款中的不赔责任；保险车辆维修和理赔的基本流程；新车保修及索赔等。

（五）服务顾问的职责

① 着装要保持专业，保持接待区整齐、清洁。
② 热情接待顾客，了解顾客的需求及期望，为顾客提供周到满意的服务。
③ 承接车辆，评估维修要求，开出维修工单。
④ 估计维修费用或征求有关人员意见，并耐心向顾客解释说明收费原则。
⑤ 掌握维修进度，增加维修项目或延迟交车时，联络顾客。
⑥ 掌握车辆维修进度，确保完成顾客交代的各项维修项目，按时将状况良好的车辆交给客户。
⑦ 妥善保管顾客车辆资料和车辆上顾客的遗留物品。
⑧ 建立和完善顾客档案资料。
⑨ 做好修后服务。
⑩ 宣传本企业，推销新技术、新产品，解答顾客提出的相关问题。
⑪ 听取和记录顾客提出的建议、意见和投诉，并及时向上级主管汇报。
⑫ 不断学习新知识、新政策，努力提高自身素质和业务水平。

（六）服务顾问的重要作用

对维修企业来说，服务顾问是非常重要的一个窗口。在接待顾客的良好服务过程中，服务顾问协调了企业和客户的利益。

1. 服务顾问能保证客户的需求得到理解和认同

当来修车的顾客进入接待大厅时，第一个接触的人就是服务顾问，服务顾问的热情服务保证了客户的需求得到理解和认同。

2. 服务顾问培养了回头客，同时引进了一些新的客户为企业创造效益

大家都知道，赢得客户的忠诚是企业各个部门的责任。所以，各个部门应当密切配合。例如，销售部门每卖出一辆车，就有责任把这个新的客户带到维修部，介绍给维修部。因为销售部门的客户很有可能将来会成为维修部门的忠诚客户。而维修部门的责任是当发现他们的客户有购买动机的时候，就必须把这个客户介绍给销售部门，这样，使客户能够再回过头来购买企业的新车。

3. 与其他员工相比，服务顾问有更多的机会使客户满意

在上述过程中，服务顾问还起到了一种协调部门之间工作的作用，提高了企业的工作效率和效益。与其他员工相比，服务顾问有更多的机会使客户满意。一个客户到销售部来买车的时候，可能只有一次令他对销售人员工作满意的机会，因为客户买了车以后，可能在往后的几年里还没有换新车的准备。至于维修部门，每一天、每一个月都会接待这些忠诚的客户和回头客，所以，接待员有很多次机会使同一个客户感到满意。

二、基本礼仪姿态

（一）仪容仪表

仪容一般是指人的外观、外貌，其重点是指人的容貌。在人际交往过程中，每个人的仪容往往会引起交往对象的较多关注，并将影响对方对自己的整体评价。

仪表是人的外表，它包括人的形体、容貌、健康状况、姿态、举止、服饰和风度等方面，是人举止风度的外在表现。风度是指举止行为、接人待物时，一个人的德才学识等各方面的内在修养的外在表现。风度是仪表的核心要素。

仪表礼仪是人们在容貌、体态、装饰、服饰等方面体现出来的精神面貌、内在素质及外在感官形象。

在生活中仪表美非常重要，它反映出一个人的精神状态和礼仪素养，是彼此交往的第一印象。仪表美可以凭借化妆修饰、发式造型、着装配饰等手段弥补和掩盖容貌、形体等方面的不足，并在视觉上把自身较美的方面展露、衬托出来，使形象得以美化。仪表在人际关系交往的初期阶段，往往是最能吸引对方注意的方面，仪表端庄、穿戴整理得体能给人留下良好的第一印象，也会让对方感觉到你对他的尊重。在见面的 15s 最初印象就形成了，良好的最初印象是任何人之间建立良好沟通的前提。人和人之间的沟通首先是视觉沟通，好的第一印象会给接下来的交流和深入了解起到积极的推动作用。反之，不好的仪表印象不仅给人的第一印象留下阴影，也会影响之后的深入沟通。

总之，仪表礼仪主要是反映人们的外在形象、形态气质等，包括容貌、皮肤、发型发饰、肢体等自然仪表以及服饰、装饰等修饰仪表。

1. 仪容要求

为了维护自我形象，有必要修饰仪容。在仪容的修饰方面应注意以下几点：

（1）整洁。仪容保持整洁、清爽。要使仪容整洁，重在重视持之以恒，这一条与自我形象

的优劣关系极大。

（2）干净。要勤洗澡、勤洗脸，脖颈、手都应要干干净净的，并经常注意去除眼角、口角及鼻孔的分泌物。要换衣服，消除身体异味，有臭汗症要搽药品或及早治疗。

（3）卫生。讲究卫生，是公民的义务，注意口腔卫生，早晚刷牙，饭后漱口，不能当着客人面嚼口香糖；指甲要常剪，头发按时理，不得蓬头垢面、体味熏人，这是每个人都应当自觉做好的。

（4）端庄。仪容庄重大方，斯文雅气，不仅会给人以美感，还易于使自己赢得他人的信任。相形之下，将仪容修饰得花里胡哨、轻浮怪诞，是得不偿失的。

总之服务顾问的仪容仪表，应该达到以下要求：

● 内在美与外在美。

服务顾问的仪表礼仪不仅应体现在外在容貌和妆饰上，还应该注重自身内在修养，如提升个人文明素质、生活品位等，从而使人散发出优雅的内在气质，这样才能使外表美和内在美交相辉映。

● 自然美与修饰美。

一般来讲，每个人的先天资质都有所不同，如肤色体态等，因此，应该针对不同的资质差异，使用相应的修饰方法，而不是千篇一律或盲目使用。例如，化妆品的使用中不同特性的皮肤往往是需要使用不同的化妆品进行修饰；穿衣戴帽方面，不同体态的人也同样要考虑衣服款式、颜色等是否适合自己的体型条件。因此，服务顾问在修饰外表的时候应该注意自然美与修饰美的和谐统一。

● 简洁大方、干净利落。

服务顾问是代表企业的整体形象，简洁大方、精神振作的外在形象也彰显出企业的精神风貌。首先，汽车营销人员应该树立整洁卫生的良好个人形象，保持身体的清洁卫生，外在衣着的干净整洁。第二，做事干净利落，精神状态高昂、振作，要体现员工干练、积极向上的良好形象。

（5）简约。仪容要保持简约。仪容既要修饰，又不可标新立异、"一鸣惊人"，简练、朴素最好。

2. 仪表要求

生活中人们的仪表非常重要，它反映出一个人的精神状态和礼仪素养，是人们交往中的"第一印象"。良好的仪表修饰应遵循以下四个原则：

① T.P.O. 原则。T.P.O. 是时间（Time）、地点（Place）、场合（Occasion）简称。T.P.O. 原则要求仪表修饰因时间、地点、场合的变化而相应变化，使仪表与时间、环境氛围、特定场合相协调。

② 适体性原则。要求仪表修饰与个体相适宜、相协调。也就是根据性别、年龄、容貌、肤色、身材、体型、个性、气质及职业身份等来修饰个人仪表。

③ 适度性原则。要求仪表修饰无论在修饰程度，还是在饰品数量和修饰技巧上，都应把握分寸，自然适度，追求虽刻意雕琢但又不露痕迹的效果。

④ 整体性原则。要求仪表修饰先着眼于人的整体，再考虑各个局部的修饰，促成修饰与人自身的诸多因素之间协调一致，使之浑然一体，营造出整体风采。

（二）服务顾问的装饰礼仪

1. 发型礼仪

发型是人体美的重要组成部分，是自然美与修饰美的结合，发型不仅映着人们的物质、文化生活水平，并且体现了时代的精神风貌。发型的选择应该与职业、年龄、气质等相符合。

发型对于服务顾问的个人形象来说起到重要的作用。

（1）发型的基本要求。服务顾问发型的基本要求：头发必须经常保持干净、卫生、整齐、清爽、健康。

①男性服务顾问发型的要求。

● 头发长度适中，前不过眉，后不过颈，两侧长度不过耳，更不能是光头。

● 头发要保持清洁，不能有头皮屑，养成勤洗头发的习惯；经常护理头发，使头发健康有光泽，要定期修剪和护理。

● 发型要符合大众，不染怪异颜色，不带发饰，不做前卫的造型；如因睡觉而造成的头发支起或者搞乱发型，应用定型水修正，注意定型水气味不宜过浓，如图4-6所示。

②女性服务顾问发型的要求。

● 头发要梳理有型，刘海不要遮住眉毛和眼睛，留有长发的应用发卡或者其他发饰将头发扎住。

● 头发要保持清洁，不能有头皮屑，养成勤洗头发的习惯；经常护理头发，使头发健康有光泽，要定期修剪和护理。

● 发型要符合大众，不染怪异颜色，不带发饰，不做前卫的造型，如图4-7所示。

图4-6 男性服务顾问发型

图4-7 女性服务顾问发型

（2）发型的选择。人的脸型一般分为鹅蛋脸（又称瓜子脸）、圆形脸、方形脸、梨形脸、长形脸、钻石形脸、心形脸和不规则形脸等。选择发型时要根据脸型，针对脸型选择处理发式不仅可弥补脸型的不足，还能创造出美丽和满意的效果。

①鹅蛋脸（瓜子脸）。鹅蛋脸是最标准的脸型，可做任何发型。

②圆形脸。圆形脸男士最好是两边短，顶部和发灌稍长一点；圆形脸女士可将头发安排在头顶，用前刘海盖住额头及一部分脸颊，可减少脸的圆度。

③梨形脸。保持头发覆盖丰满且高耸，分出一些带波浪的头发遮住额头，头发以半卷或微

59

波装盖住下级线，造出宽额头的效果。

④长形脸。头发在头顶不能高，不能增加脸的长度，不要留平直、中分的发型，也不要把头发剪得太短，或全部后梳。头发可长至耳根，前额稍微留些刘海，会使脸变短。如果是长发可以在前额处留刘海，也可以在两边修些短发，盖住脸庞。

⑤钻石形脸。增加上额和下巴的丰满，保持头发贴近颧骨线，可创造出瓜子脸的效果。

⑥方形脸。可选择不对称的刘海破掉前额的边缘线，同时可增加纵长感。

⑦心形脸。将中央部分刘海向上卷起或者倾斜地梳向一边，在下级线加上一些宽度。

⑧不规则形脸。用适当的发型遮挡缺点，造成脸部两边平均的效果。

2. 面部、口腔和手部

（1）面部基本要求。男士，保持面部整洁干净，勤刮脸、不留胡须，勤剪鼻毛即可。同时要保持清爽精神的短发且发不过耳。对鼻孔的清洁主要表现在两个方面：其一，干净。鼻腔要随时保持干净，不要让鼻涕或别的东西充塞鼻孔。其二，鼻毛。经常修剪一下长到鼻孔外的鼻毛。

对嘴部的要求是：

①清洁口腔。牙齿洁白，口腔无异味，是对口腔的基本要求。为此应坚持每天早、中、晚刷三次牙。尤其是饭后，一定要刷牙，以去除残渣、异味。另外，在重要应酬之前忌食蒜、葱、韭菜、萝卜、腐乳等可让人口腔发出刺鼻气味的东西。

②清除胡须。在正式场合，男士留着乱七八糟的胡须，一般会被认为是很失礼的，而且会显得邋里邋遢。

③禁止异响。在社交场合，包括嘴、鼻子及其他部位发出的咳嗽、哈欠、喷嚏、吐痰、吸鼻、打嗝等不雅之声统称为异响，应当禁止出现。如果不慎弄出了异响，要向身边的人道歉。

对女员工来说，仪容修饰要求比较复杂一些。这里主要介绍化妆来修饰面部仪容的要求。化妆的总原则是要少而精，强调和突出自身所具有的自然美部分，减弱或掩盖容貌上的某些缺陷。一般以浅妆、淡妆为宜，不能浓妆艳抹，并避免使用气味浓烈的化妆品。具体应注意两点。第一，化妆色彩要根据自己的肤色调配。第二，化妆区域应根据自己的脸型调配。

（2）面部表情礼仪规范。面部表情是仅次于语言的一种交际手段，因此在交际活动中表情备受营销人员的注意。在人的千变万化的表情中，眼睛和微笑最有礼仪功能和表现力。营销人员在与公众打交道时，面部表情的基本要求就是热情、友好、诚实、稳重、和蔼。

①眼睛。面部表情中起主导作用的是眼睛，眼睛对内心情感的传递主要是靠眼神。面部表情中最突出的是"眉目传情"，所以眼睛被称为"心灵之窗"。在人际交往中，目光交流不仅可以表示对他人正在说的事情的重视，也可以表达对他人的兴趣和喜爱。为此，营销人员要学会正确地运用眼神。在谈话时，目光要注视讲话的人。如果眼睛东张西望，表现出一种心不在焉的样子，则会被人认为是不礼貌的。

②目光注视的区域。眼睛是人体传递信息最有效的器官，在与人交谈时，不要将目光聚焦于对方脸上的某个部位或身体的其他部位。不同的场合和交往对象，目光所及之处也有区别。

●公事注视：目光所及区域在额头至两眼之间。

●社交注视：目光所及区域在两眼到嘴之间。

●亲密注视：目光所及区域在两眼到胸之间。

③目光注视的时间。

●注视时间占交谈时间30%~60%，低于30%会被认为你对他的交谈不感兴趣，高于60%则会被认为你对他本人的兴趣高于谈话内容的兴趣。

●凝视的时间不能超过4、5秒，因为长时间凝视对方，会让对方感到紧张、难堪。如果面对熟人朋友、同事，可以用从容的眼光来表达问候，征求意见，这时目光可以多停留一些时间，切忌迅速移开，不要给人留下冷漠、傲慢的印象。

④目光的不良表达方式。

●在别人讲话时闭眼，给人的印象是傲慢或表示没有教养。

●盯住对方的某一部位"用力"地看，这是愤怒的最直接表示，有时也暗含挑衅之意。

●浑身上下反复地打量别人，尤其是对陌生人，特别是异性，这种眼神很容易被理解为有意寻衅闹事。

●窥视别人，这是心中有鬼的表现。

●用眼角瞥人，这是一种公认的鄙视他人的目光。

●频繁地眨眼看人，反复地眨眼，看起来心神不定，挤眉弄眼，失之于稳重，显得轻浮。

●左顾右盼，东张西望，目光游离不定，让对方觉得用心不专。

（3）微笑。笑是眼、眉、嘴和脸部动作的集合，它是多样的：有皮笑肉不笑、开怀大笑、回头一笑等。最美的笑是嫣然一笑，发自心底的微笑，它就像扑面的春风，能温暖人心，化除冷漠，获得理解和支持。轻轻一笑可以招呼他人或者委婉地拒绝他人，抿嘴而笑能给人以不加褒贬、不置可否、似是而非的感觉。大笑则特别能令人振奋、激动、激动、忘情，有极大的感染力。而微笑是其中最常见的，用途最为广泛。

微笑是一门学问，一种艺术，非苦练不能成功。营销与接待活动最有效的表情莫过于微笑。微笑是一种人人皆知的世界语。微笑传达的信息常能促进双方沟通，融和双方感情，比如当谈话取得一定效果，谈判达成一定协议时，双方能会心地微微一笑，常常能弱化或消除存在于心中的戒忌和隔阂，增进理解和友谊。

①微笑的表现要旨。

●表现心境良好。面露平和欢愉的微笑，说明心情愉快，充实满足，乐观向上，善待人生，这样的人才会产生吸引别人的魅力。

●表现充满自信。面带微笑，表明对自己的能力有充分的信心，以不卑不亢的态度与人交往，使人产生信任感，容易被别人真正地接受。

●表现真诚友善。微笑反映自己心底坦荡，善良友好，待人真心实意，而非虚情假意，使人在与其交往中自然放松，于是不知不觉地缩短了心理距离。

●表现乐业敬业。工作岗位上保持微笑，说明热爱本职工作，乐于克尽职守。如在服务岗位，微笑更是可以创造一种和谐融洽的气氛，让服务对象备感愉快和温暖。

②微笑的基本做法。

不发声，不露齿，肌肉放松，嘴角两端向上略为提起，面含笑意，亲切自然，使人如沐春风。其中亲切自然最重要，它要求微笑出自内心、发自肺腑，而无任何做作之态。也只有这种发自真心和诚意的微笑，才能使一切与你接触的人都感到轻松和愉快。

美学家认为：在大千世界万事万物中，人是最美的。在人的千姿百态的言行举止中，微笑是最美的。

③训练微笑的方式。人在说"七""茄子""威士忌"时，嘴角会露出笑意。如果人们用微笑对待他人，得到的也必将是一张张热情、温馨的笑脸。

（4）服务顾问手部要求。在接待活动中，服务顾问的手和服务对象经常要去交流，人的双手时常暴露于服装之外，在社会互动过程中极易落入他人的视线之内，因此适时、适度地保护和修饰自己的双手很有必要。手是旅游从业人员最重要的肢体修饰部分。

①手部要清洁。要经常洗手，手上不能有机油、油垢、墨水或者有其他色彩污浊。养成良好的洗手、洁手习惯，经常保持双手的洁净不仅美化自身，也有利于个人的身体健康。手的清洁与否与一个人的整体形象密切相关，反映一个人的修养与卫生习惯。

②指甲的美化须慎重。手部的修饰，自古有之，且以对指甲的修饰为重。定期修剪指甲和涂抹指甲油便是两种常见的修饰方法。涂抹指甲油则最好谨慎为之，无特殊情况，色彩过于艳丽或过于灰暗的指甲油尽可能少用或不用。

③手指甲的长度。指甲长度有一定的要求，一般来讲不长于指尖，男女都是如此，若指甲长于指尖容易有甲垢。

④手部没有创破创伤。打着绷带、涂着紫药水或者贴创可贴都应该适当地回避。

课题五

汽车维护与修理常用工具和量具

学习任务

1. 了解汽车维修中的操作规范，严格按照操作规范进行作业。
2. 学会使用汽车拆装常用的工具。
3. 学会使用汽车检测常用工具。
4. 了解发动机综合性能检测仪的使用方法。
5. 掌握汽车举升机的安全使用规范。

任务一　常见工具的使用

一、发动机拆装与检修基础知识

安全是做好一切工作的保证。对发动机进行维修实训时，必须严格按照安全文明生产操作规程进行作业，以免造成人员，车辆，工、量具及仪器设备的损伤。

1. 树立安全文明生产意识

为了人身及工、量具与设备的使用安全，在发动机维修实训过程中，实训人员必须树立安全文明生产意识，形成安全第一、用户至上的服务观念，在确保人员、车辆及设备安全的前提下，全心全意为用户提供最优质的服务。

2. 合理使用工、量具及设备

汽车维修所用工、量具及仪器、设备较多,其使用的合理性不但影响生产效率和维修质量,还会直接影响生产安全。特别是在使用各种检测仪器及维修加工设备时,必须按照其安全使用说明进行操作,不熟悉的仪器、设备在未经许可的情况下,绝对不允许随意开动,以确保设备及人身安全。使用电动设备时,必须保证线路各接点连接牢固,绝缘良好,以防触电造成人身伤亡及因线路短路或连接不牢产生电火花而引起火灾。

3. 严格遵守操作规程

(1)维修汽车时经常需要使用燃料、润料等易燃、易爆物品,因此,维修现场严禁吸烟及进行电、气焊作业。

(2)维修之前,应先清除汽车外部的泥沙及油污,放出的润滑油、冷却液及废料应妥善处理。维修所用工、量具及材料应合理摆放。

(3)维修作业时,操作人员应穿好工作服,戴好工作帽,严禁穿着过于宽松的服装或拖鞋进行维修作业。在车下作业时,应拉紧驻车制动器操纵杆并固定好车辆;操作人员应佩戴护目镜,以防泥沙等落入眼中。

(4)用千斤顶支起车辆时,千斤顶应放置在平整而坚实的地面上,并按所维护车辆规定的支承点进行支承,严禁在支承点垫砖等易碎物体。需要在车下进行作业时,必须用支车凳将车支牢。

(5)进行拆装作业时,必须按正确的顺序和合理的方法进行操作,以免造成机件的人为损坏。拆卸后,各零件应按结构连接关系及材质分类存放。重要螺栓(如气缸盖螺栓)应按规定顺序进行拆卸;装配时,应按规定顺序及力矩进行拧紧。

(6)配合精度要求较高的零件(如活塞、气门、曲轴轴承、连杆轴承等)拆装时,应核对和做好装配标记,并按顺序进行摆放。选配活塞环时,必须检查其端隙、侧隙和背隙,而且保证其间隙值符合要求,以免装复后活塞环在气缸中卡死,造成严重的机械事故。

(7)诊断电路故障时,应禁止使用划火法,检查各缸工作情况或做高压跳火试验时,应注意高压线与气缸体距离,避免高压线短路而损坏点火器。

(8)操作过程中,应注意避开旋转机件,以免造成人员伤害。发动机刚刚熄火时,不要触及排气管、散热器等高温机件,更不允许在发动机高温状态下直接打开散热器盖,以免烫伤。使用液氮或干冰时,要防止冻伤手指。

(9)各种量具要轻拿轻放,并按正确的操作方法进行使用,以免损坏量具。进行测量时,读数应仔细,以确保其准确性。

(10)装配之前,应将各零件彻底清洗干净。

(11)在车间内起动发动机时,应打开车间门或打开排风装置,以排出车间内的废气。露天作业时,也不要在工作着的发动机排气管附近长时间停留,以防废气中毒。

(12)进行车辆试车时,应先检查制动、转向灯机构是否正常。

(13)车间内需要临时布置电源线路时,必须按照正确的操作规程进行施工,工作灯照明用电,电压不得高于36V。

二、拆装与检修常用工具及其使用

（一）扳手

扳手种类繁多，常见类型有活扳手、呆扳手、梅花扳手、两用扳手、套筒扳手、扭力扳手和内六角扳手等。

1. 活扳手

活扳手的开口宽度可在一定尺寸范围内进行调节，能拧紧或松开不同规格的外六角头、方头螺栓或螺母。活扳手规格以扳手长度和最大开口宽度表示，活扳手如图 5-1 所示。

活扳手在使用时，要正确选用其规格，掌握用力方向，让固定钳口受主要作用力，如图 5-2 所示。扳手长度不可任意加大，以免拧紧力太大而损坏扳手、螺栓或螺母。在汽车维修中，尽量不要使用活扳手，因其对螺母容易造成圆角。

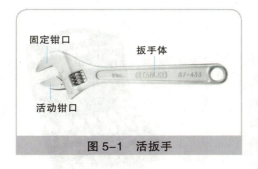

图 5-1 活扳手

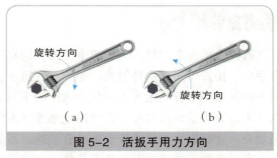

图 5-2 活扳手用力方向

（a）用力方向正确；（b）用力方向错误

2. 呆扳手

呆扳手一端或两端制有固定尺寸的开口，用以拧转固定尺寸的螺栓或螺母，如图 5-3 所示。呆扳手的规格是以钳口开口的宽度来表示的，每把双头呆扳手只适用于两种尺寸的外六角头、方头螺栓或螺母。

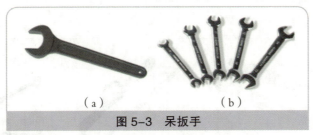

图 5-3 呆扳手

（a）单头呆扳手；（b）双头呆扳手

3. 梅花扳手

梅花扳手两端具有带六角孔或十二角孔的工作端，如图 5-4 所示。梅花扳手适用于工作空间狭小、不能使用普通扳手的场合。

4. 两用扳手

两用扳手的一端与单头呆扳手相同,另一端与梅花扳手相同,两端拧转相同规格的外六角头、方头螺栓或螺母,如图 5-5 所示。

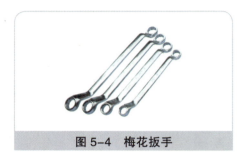

图 5-4　梅花扳手

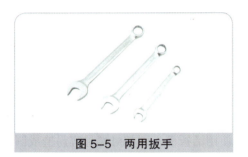

图 5-5　两用扳手

5. 套筒扳手

套筒扳手是由多个带六角孔或十二角孔的套筒并配有手柄、接杆等多种附件组成,如图 5-6 所示。套筒扳手特别适用于拧转地方十分狭小或凹陷于深处的外六角头、方头螺栓或螺母。套筒的规格按标准螺纹规格划分。套筒扳手在维修作业中具有快速、高效的优点,所以在汽车维修中套筒扳手是使用频率最高的工具。

图 5-6　套筒扳手

6. 扭力扳手

扭力扳手在拧转螺栓或螺母时,能显示出所施加的拧紧力矩;或者当施加的拧紧力矩到达规定值后,会发出光或声响信号,扭力扳手如图 5-7 所示。扭力扳手适用于对拧紧力矩大小有明确规定的装配工作。

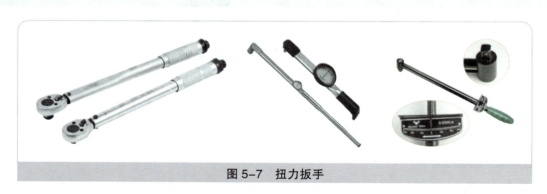

图 5-7　扭力扳手

7. 内六角扳手

内六角扳手是成L形的六角棒状扳手，专用于拧转内六角圆柱头螺钉，如图5-8所示。内六角扳手的型号是按照六方的对边尺寸进行规定的，螺栓的尺寸遵循国家标准。

（二）螺钉旋具

螺钉旋具俗称螺丝刀（图5-9），主要用于旋松或旋紧有槽螺钉。螺钉旋具（以下简称旋具）有很多类型，其区别主要是尖部形状，每种类型的旋具都按长度不同分为若干规格。常用的旋具是一字螺钉旋具和十字槽螺钉旋具。

一字螺钉旋具又称一字起子、平口改锥，用于旋紧或松开头部开一字槽的螺钉，一般工作部分用碳素工具钢制成，并经淬火处理。其规格以刀体部分的长度表示，常用的规格有100mm、150mm、200mm和300mm等几种。使用时，应根据螺钉沟槽的宽度选用相应的规格。十字槽螺钉旋具又称十字形起子、十字改锥，用于旋紧或松开头部带十字沟槽的螺钉，材料和规格与一字螺钉旋具相同。

使用方法及注意事项：使用尺寸合适的旋具，与螺钉的槽大小合适。保持旋具与螺钉尾端成直线，边用力边转动。切勿用鲤鱼钳或其他工具过度施加扭矩，这可能刮削螺钉的凹槽或损坏旋具尖头。

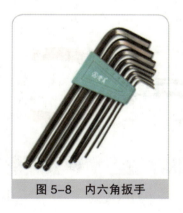

图5-8　内六角扳手

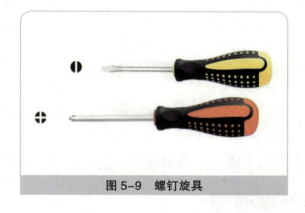

图5-9　螺钉旋具

（三）钳子

钳子多用来弯曲或安装小零件、剪断导线或螺栓等。钳子有很多类型和规格。

1. 鲤鱼钳

鲤鱼钳（图5-10），鲤鱼钳钳头的前部是平口细齿，适用于夹持一般小零件；中部凹口粗长，用于夹持圆柱形零件，也可以代替扳手旋小螺栓、小螺母；钳口后部的刃口可剪切金属丝。由于一片钳体上有两个互相贯通的孔，又有一个特殊的销子，所以操作时钳口的张开度可很方便地变化，以适应夹持不同大小的零件，是汽车维修作业中使用最多的手钳。其规格以钳长来表示，一般有165mm、200mm两种，用50钢制造。

2. 钢丝钳

钢丝钳的用途和鲤鱼钳相仿（图5-11），但其支销相对于两片钳体是固定的，故使用时不如鲤鱼钳灵活，但剪断金属丝的效果比鲤鱼钳要好，规格有150mm、175mm、200mm三种。

图 5-10　鲤鱼钳

图 5-11　钢丝钳

3. 尖嘴钳和弯嘴钳

尖嘴钳和弯嘴钳（图5-12、图5-13），因其头部细长，所以能在较小的空间内工作，带刃口的能剪切细小零件，使用时不能用力太大，否则钳口头部会变形或断裂。其规格以全长来表示，常有125mm、150mm、175mm三种。

图 5-12　尖嘴钳

图 5-13　弯嘴钳

4. 挡圈钳

挡圈钳（图5-14、图5-15）用于拆装弹性挡圈，分为孔用和轴用两种，每一种又可分为直嘴式和弯嘴式。汽车维修保养作业中用得较多的为175mm规格的。轴用挡圈钳和孔用挡圈钳主要区别：轴用挡圈钳是拆装轴用弹簧挡圈的专用工具，手把握紧时，其钳口是张开的；孔用挡圈钳是拆装孔用弹簧挡圈用的，手把握紧时，其钳口是闭合的。

（四）锤子

汽车维修中常用锤子有手锤、木槌和橡胶锤（图5-16）。手锤通常由工具钢制成，规格按锤头质量划分，汽车维修中最常用的是圆头手锤。使用时应使锤头安装牢靠，手握锤柄末端，用锤头正面击打物体。木槌和橡胶锤主要用于击打零件加工表面，以保护零件不被损坏。

图 5-14　孔用挡圈钳

（a）直嘴式；（b）弯嘴式

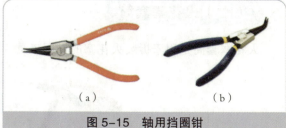

图 5-15　轴用挡圈钳

（a）直嘴式；（b）弯嘴式

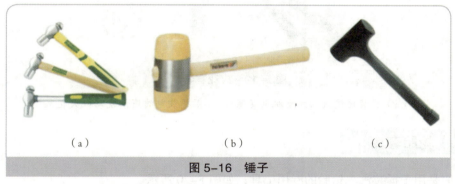

图 5-16　锤子

（a）圆头手锤；（b）木槌；（c）橡胶锤

（五）撬棍

撬棍（图 3-17）为汽车工具箱中的一件普通工具，可用于撬动旋转件或敲开结合面，也可用于工件的整形，使用时将撬棍稳定支承于某一位置，加力使之转动或撬起。使用时，撬棍不可代替铜棒使用，也不可用于软材质界面结合处。

（六）拉器

拉器（图 3-18）是用于拆卸过盈配合安装在轴上的齿轮或轴承等零件的专用工具，有二爪与三爪之分。常用拉器为手动式，在一杆式弓形叉上装有压力螺杆和拉爪。使用时，在轴端与压力螺杆之间垫一垫板，用拉器的拉爪拉住齿轮或轴承，然后拧紧压力螺杆，即可从轴上拉下齿轮等过盈配合安装零件。

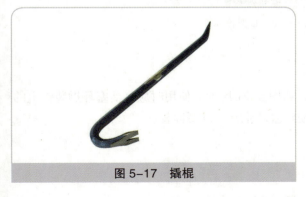

图 5-17　撬棍

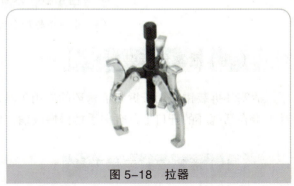

图 5-18　拉器

（七）火花塞套筒

火花塞套筒是用于拆装火花塞的专用工具，如图 5-19 所示。

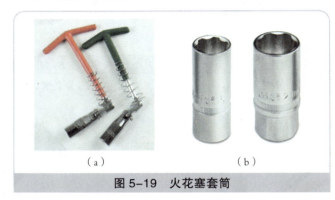

图 5-19 火花塞套筒

（a）拆装传统汽油发动机火花塞；（b）拆装电喷汽油发动机火花塞

（八）轮胎套筒

轮胎套筒是用于拆装汽车轮胎的专用工具，如图 5-20 所示。

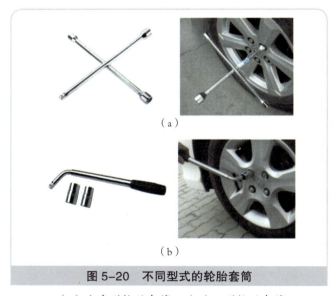

图 5-20 不同型式的轮胎套筒

（a）十字型轮胎套筒；（b）L型轮胎套筒

（九）活塞环拆装钳

活塞环拆装钳是用于拆装活塞环的专用工具，如图 5-21 所示。使用时应将活塞环拆装钳上的环卡卡在活塞环的开口上，轻握手柄慢慢收缩，使活塞环张开，以便拆装。

（十）活塞安装专用工具

安装活塞时，用于压缩活塞环，以便活塞装入气缸内，如图 5-22 所示。

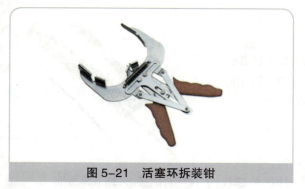

图 5-21 活塞环拆装钳

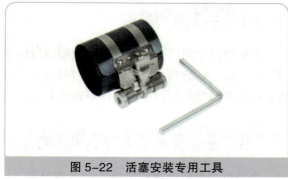

图 5-22 活塞安装专用工具

（十一）气门拆装钳

气门拆装钳是用于拆装气门的专用工具，如图 5-23 所示。在使用手柄式气门拆装钳拆装气门时，将气门拆装钳托架抵住气门，压环对正气门弹簧座，压下手柄即可使气门弹簧压缩，然后取出气门弹簧锁止零件，再慢慢放松手柄，便能很容易地取下气门弹簧和气门等，在使用手柄式气门拆装钳拆装气门时，需旋转手柄，才能取出气门弹簧锁止零件、气门弹簧和气门等零件。

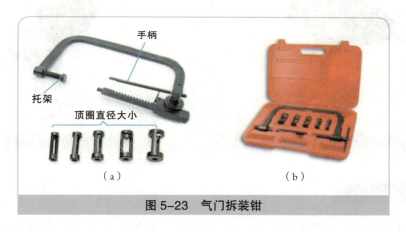

图 5-23 气门拆装钳

（十二）发动机机油滤清器扳手

发动机机油滤清器扳手，专门用于拆装发动机机油滤清器，如图 5-24 所示。在拆装发动机机油滤清器时，应根据发动机机油滤清器不同的拆装环境选用不同形状的发动机机油滤清器扳手。

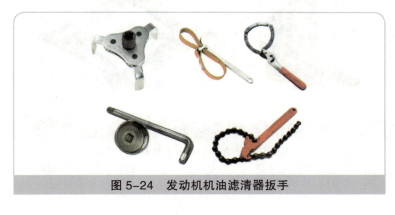

图 5-24 发动机机油滤清器扳手

（十三）黄油枪

黄油枪用于向汽车上需要用润滑脂润滑的部位加注润滑脂（黄油），如图5-25所示。使用前，应向黄油枪里面加注润滑脂，然后对准黄油嘴进行加注。若注不进润滑脂，应查明原因。

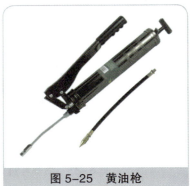

图5-25　黄油枪

（十四）电动扳手和气动扳手

电动扳手是以电源或电池为动力的扳手，是一种拆装螺栓的工具，如图5-26所示。电动扳手主要分为冲击扳手、扭剪扳手、定拧紧力矩扳手、转角扳手、角向扳手、液压扳手、扭力扳手和充电式电动扳手。气动扳手是以压缩空气为动力的扳手，如图5-27所示。空压机输出的压缩空气进入风炮气缸之后带动里面的叶轮转动而产生旋转动力，同时叶轮再带动相连接的打击部位进行类似锤打的运动，在每一次敲击之后，把螺钉拧紧或者拆卸下来。气动扳手是一种既高效又安全的拆装螺栓的气动工具。

图5-26　电动扳手

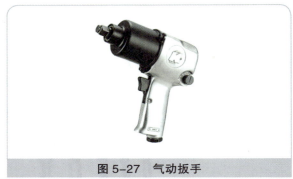

图5-27　气动扳手

（十五）千斤顶

千斤顶是一种最常用、最简单的起重工具，按照其工作原理可分为机械丝杆式和液压式，如图5-28所示。按照所能顶起的质量可分为3 000kg、5 000kg和9 000kg等多种不同的规格，目前广泛使用的是液压式千斤顶。

（a）　　　　　　　　（b）

图5-28　千斤顶

（a）液压式千斤顶；（b）丝杆式千斤顶

任务二　常见量具的使用

一、塞尺

塞尺又称厚薄规或间隙片，如图 5-29 所示，由多层不同厚度的标准钢片组成，每一片标有一定的厚度值，主要用于检验两个相互接合面之间的间隙，如气门间隙、曲轴轴向间隙等，如图 5-30 所示。

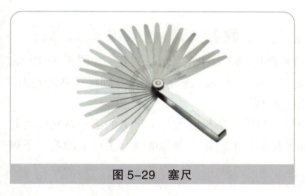

图 5-29　塞尺

图 5-30　测量气门间隙

> **使用注意事项** ▸▸▸▸
>
> （1）使用前，应将塞尺片两个测量面擦拭干净，不得在带有油污或金属屑时测量，否则会影响测量精度。
>
> （2）使用时，不允许把塞尺片硬插到测量面或做剧烈的弯曲，以免损坏塞尺测量面和被测工件表面。
>
> （3）用塞尺片检查与调整时，一边调整，一边拉动塞尺，若感觉很松，说明间隙大于塞尺片上标出的值；若感觉很紧，拉动费力，说明间隙小于标准值。只有当拉动塞尺，感到稍有阻力时，才表示该间隙值接近塞尺片上标有的值。
>
> （4）使用后应将塞尺片擦干净，并涂抹机油后折合到夹框内，以防锈蚀、弯曲、变形或折断。

二、刀口形直尺

刀口形直尺主要用于以光隙法进行直线度测量和平面度测量，如图 5-31 所示，也可与量块一起用于检验平面精度。刀口形直尺具有结构简单、质量轻、不生锈、操作方便、测量效率高等优点，是机械加工常用的测量工具。

三、游标卡尺

1. 种类和用途

游标卡尺是一种能直接测量工件内外直径、宽度、长度或深度的量具。按照测量功能分类，游标卡尺可分为普通游标卡尺、深度游标卡尺和带表卡尺等；按照分度值分类，游标卡尺可分为 0.10mm、0.02mm、0.05mm 等几种规格。图 5-32 所示为 0.02mm 的游标卡尺，它由外测量爪、内测量爪、紧固螺钉、游标、尺身和深度尺组成。

图 5-31 刀口形直尺测平面度

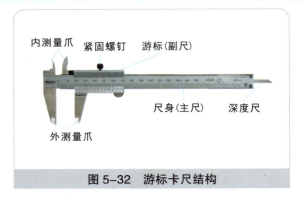

图 5-32 游标卡尺结构

当游标卡尺上的两个量爪合拢时，副尺上的 50 格刚好与主尺上的 49mm 对正，如图 5-33 所示。主尺上每一个小格是 1mm，则副尺上每一个小格是 49/50=0.98mm。因此，主尺与副尺每格之差为：1-49/50=0.02(mm)。此差值即为 1/50mm 游标卡尺的分度值。

若一个物体 0.02mm 厚，则会出现游标卡尺副尺上的第一条刻度线与主尺上的第一条刻度线对齐的情况。若一个物体 0.04mm 厚，则会出现游标卡尺副尺上的第二条刻度线与主尺上的第二条刻度线对齐的情况。以此类推。

游标卡尺的读数方法如下：

（1）读出副尺零线左边与主尺相邻的第一条刻线的整毫米数，为所测尺寸的整数值。

（2）读出副尺上与主尺刻线对齐的那一条刻线所表示的数值，为所测尺寸的小数值。

（3）把整毫米数和毫米小数加起来，即为所测零件的尺寸数值。

如图 5-34（a）所示，游标卡尺读数为 11.36mm；如图 5-34（b）所示，游标卡尺读数为 15.66mm。

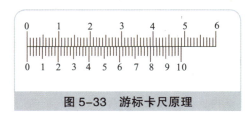

图 5-33 游标卡尺原理

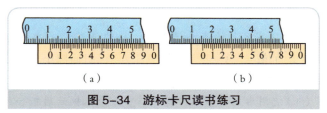

图 5-34 游标卡尺读书练习

> 使用注意事项

①使用前，先把测量爪和工作测量表面擦干净。

②测量工件时，应把测量爪张开到大于被测量工件表面尺寸，再慢慢移动副尺，使两测量爪与工件接触。禁止硬拉硬卡，以免损坏游标卡尺并影响测量精度。

③使用后，要擦净游标卡尺，并涂抹适量的工业凡士林后放回盒内保存，盒盖上切勿重压。

四、百分表

百分表是一种比较性测量仪表，用来测量工件的偏差大小，检验零件垂直平面和水平平面，检测轴的间隙、轴或气缸的圆度和圆柱度等。如图5-35所示，百分表主要由表盘、表圈、挡帽、转数指示盘、主指针、轴管、测量头和测量杆等组成。

百分表的表盘刻度一般分为100格。测量时，大指针偏转1格（表示0.01mm），大指针超过1圈时，小指针偏转1格（表示1mm）。指针的偏转量就是被测零件（工件）的实际偏差或间隙值。

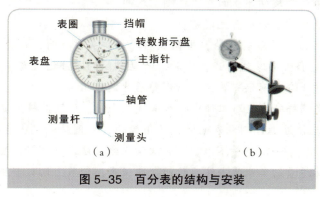

图5-35 百分表的结构与安装

（a）百分表结构；（b）百分表的安装

> **使用注意事项**
>
> ①百分表测量工件时，应用表架（支架）固定，以测杆端的表头抵住工件被测量表面，并使测头产生一定位移（即指针存在一个预偏转值），移动测量工件，观察百分表表盘上指针的偏转量，该偏转量即是被测量物体的偏差尺寸或间隙值。
>
> ②测量时，测杆轴线应与被测工件表面垂直，否则会影响测量精度。
>
> ③百分表用毕，应解除所有负荷，用干净抹布将表面擦拭干净，并在容易生锈的金属表面涂抹一层工业凡士林，然后将百分表水平放置在盒内，盒盖上严禁重压。

五、外径千分尺

外径千分尺是一种精密量具，它的精度比游标卡尺高。外径千分尺由尺架、砧座、测微螺杆、固定套管、活动套管、微调和偏心锁紧手柄等组成，如图5-36所示。

外径千分尺测微螺杆的螺距是0.5mm，活动套管上共刻有50条刻线，测微螺杆与活动套管连在一起。当活动套管转50格（1周）时，测微螺杆也转1周并移动0.5mm。因此，当活动套管转1格时，测微螺杆移动0.5/50=0.01mm。所以，外径千分尺可准确到0.01mm。由于还能再估读一位，可读到毫米的千分位。

外径千分尺的读数方法如下：

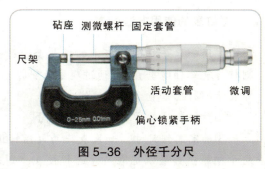

图5-36 外径千分尺

(1)先读出活动套管边缘在固定套管上的毫米数和半毫米数。

(2)再根据活动套管上的哪一格与固定套管上的基准线对齐,读出活动套管上不足半毫米的数值。

(3)最后将两个读数加起来,其和即为测得的实际尺寸值。

使用注意事项

①测量前,应擦净千分尺砧座表面与工件测量表面。

②测量前,应检查校对千分尺有无误差。

③千分尺误差检查方法是旋转棘轮,当砧座和螺杆端头靠拢时,棘轮会发出咔咔声响。活动套筒的前端应与固定套管的零线对齐,同时,活动套筒的零线还应与固定套管的基线对齐。如两线未对齐,则表明千分尺有误差,应进行调整后才能使用。

④测量时,千分尺螺杆轴线应与工件中心线垂直或平行,如果歪斜,便会影响测量的精度。旋转活动套管,当砧座接近工件测量表面时,改用棘轮,直到棘轮发出咔咔声并打滑时,拧紧制动环,读出测量尺寸。若一次测量不准,可再次按上述方法进行测量,直到准确为止。

⑤使用后,应涂抹适量的工业凡士林后放回盒内保存,盒盖上切勿重压。

六、量缸表

量缸表又称内径量表或内径百分表,是一种用于测量孔径的比较性量具。在汽车维修中主要用于测量发动机气缸和轴承座孔的圆度、圆柱度误差或零件磨损情况。量缸表由百分表、表杆、垫圈和一套长度不等的接杆等组成,如图 5-37 所示。

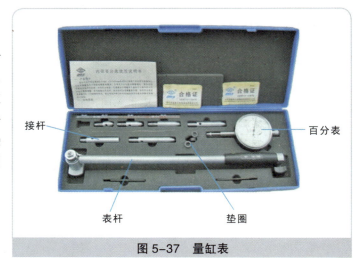

图 5-37 量缸表

量缸表的使用方法

①用一只手拿住表杆上的绝热套,另一只手尽量托住表杆下部,轻轻摆动表杆,使量缸表测杆与气缸轴线垂直,可通过观察表针摆动情况来判断误差或磨损量,当表针指示到最小数值时,即表示测杆已垂直于气缸轴线。

②量缸表读数方法与百分表相同。

③确定工件尺寸。如果表头的大指针正好指在零位,说明被测工件的孔径(缸径)与其校表尺寸相等;如果以标准尺寸进行校表,则表示工件与标准尺寸相同;如果表头大指针顺时针方向转离零位,则表示工件尺寸小于标准尺寸,反之则表示大于标准尺寸。通过对不同测量点的测量,即可得到圆度、圆柱度的误差或工件的磨损情况。

七、画规

画规用来把钢直尺上的尺寸移到工件上以及等分线段、角度、画圆周或曲线、测量两点间距离等。画规又称为分线规,用工具钢制成,尖端经过磨锐和淬火,如图 5-38 所示。

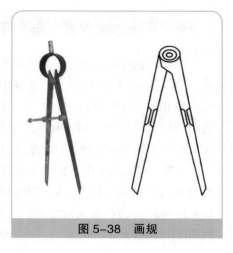

图 5-38 画规

八、游标万能角度尺

游标万能角度尺是用来测量工件内外角度的量具。按其游标读数值(即分度值)可分为 2 分和 5 分两种;按其尺身的形状不同可分为圆形和扇形两种。以下仅介绍分度值为 2′ 的扇形万能角度尺的结构、刻线原理、读数方法和测量范围。

1. 游标万能角度尺的结构

如图 5-39 所示,游标万能角度尺由尺身、直角尺、游标、制动器、扇形板、基尺、直尺、夹块、捏手、小齿轮和扇形齿轮等组成。游标固定在扇形板上,基尺和尺身连成一体。扇形板可以与尺身做相对回转运动,形成和游标卡尺相似的读数机构。直角尺用夹块固定在扇形板上,直尺又用夹块固定在角尺上。根据所测角度的需要,也可拆下角尺,将直尺直接固定在扇形板上。制动器可将扇形板和尺身锁紧,便于读数。

测量时,可转动游标万能角度尺背面的捏手,通过小齿轮转动扇形齿轮,使尺身相对扇形板产生转动,从而改变基尺与直角尺间的夹角,满足各种不同情况测量的需要。

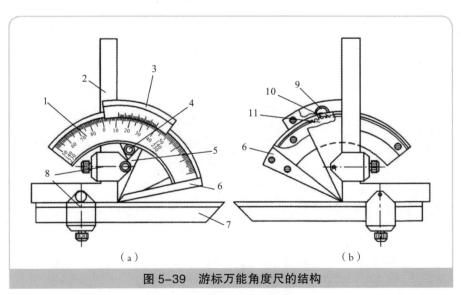

图 5-39 游标万能角度尺的结构
(a)正面;(b)背面

1—尺身;2—角尺;3—游标;4—制动器;5—扇形板;6—基尺;
7—直尺;8—夹块;9—捏手;10—小齿轮;11—扇形齿轮

2. 游标万能角度尺的刻线原理及读数

　　游标万能角度尺的尺身刻线每小格为1°，游标刻线将对应于尺身上29°的弧长等分为30小格，如图5-40（a）所示，即游标上每格所对应的角度为29°/30。因此，尺身每小格与游标上每小格相差为1°-29°/30=2′，即游标万能角度尺的分度值为2′。游标万能角度尺的读数方法和游标卡尺相似，即先从尺身上读出游标零线指示的整角度数，再判断游标上的第几格的刻线与尺身上的刻线对齐，就能确定角度"分"的数值，然后把两者相加，就是被测角度的数值。

　　在图5-40（b）中，游标上的零刻度线落在尺身上69°~70°，因而该被测角度的"度"的数值为69°；游标上第21格的刻线与尺身上的某一刻度线对齐，因而被测角度的"分"的数值为2′×21=42′。所以被测角度的数值为70°00′。利用同样的方法，可以得出图5-40（c）中的被测角度的数值为34°8′。

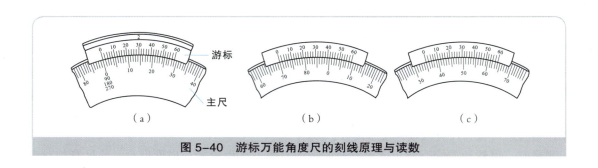

图5-40　游标万能角度尺的刻线原理与读数

任务三　汽车举升机安全使用

一、双柱液压举升机的使用说明

双柱液压举升机操作简单、舒适，运行平稳、可靠，举升能力大，能满足绝大部分轿车及轻型货车的举升。

双柱液压举升机采用独有的整体结构，用6mm厚优质钢板整体轧压成形，具有较高的强度和刚度。

1. 使用前的安装

①在使用前必须进行可靠的安装、试车，而且必须由专业安装技师进行安装。

②安装举升机时，其周围应无障碍物，地面必须坚韧平整，用M16的膨胀螺栓可靠固定，其安装基础图及使用空间尺寸如图5-41所示。

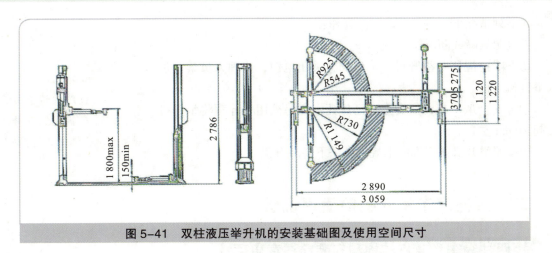

图5-41　双柱液压举升机的安装基础图及使用空间尺寸

2. 使用注意事项

①不可随意改变举升机参数（如预先设定好的额定压力、上升和下降速度等）。

②负重不能超过最大举升质量，不能超负荷使用。

③使用前应将导轨及各转动部位涂上润滑脂及注入少许润滑油。

④开机前应检查各油管、接头、链条、钢丝绳等是否连接可靠、正常。

⑤举重之前应先空载试举 3~5 次，以确保举升机正常。
⑥环境温度不得低于 −10℃，举升机应安装在室内，如安装在室外，必须有防雨措施。
⑦更换油箱内液压油时，应将油全部排出，彻底清洗油箱，然后加入规定专用液压油。
⑧每月至少应对举升机滑动及转动部位润滑一次。
⑨当两边举升臂不同步或不在同一水平面时，可调整钢丝绳松紧度。

3. 操作和使用方法

①在确保电源电压、接线及电动机旋转方向无误后，即可打开控制面板上的电源开关，按上升按钮时举升机即上升；按下降按钮时举升机先上升后下降（从下往上看电动机应顺时针旋转）。
②举车前应将举升机下降至地面。
③将转臂分开，车辆开进举升机中间合适部位，即车辆重心应处于举升臂支撑范围内。
④调整支撑臂至汽车底部合适部位，上升少许，让支撑爪支撑在汽车上，确认转臂左右旋转方向锁止可靠。
⑤确保支撑可靠后，即可按上升按钮。将汽车举至合适高度，然后松开按钮，举升机即停在所需高度。

> **注意**
> 应根据汽车结构，确定举升部位有足够的刚度，防止损坏汽车。

⑥修理汽车前应检查举升情况是否正常，安全爪是否落下，然后关掉电源（防止误动作或其他人员误操作），即可进行汽车修理作业。
⑦作业完毕，接通电源，按下降按钮将举升机下降至地面，然后移开支撑臂，即可将车开走。

4. 紧急情况下的手动下降操作

在下列情况下可进行手动下降操作：
①电源故障或断电时。
②下降前应移开举升机下障碍物，关闭电源，修理人员禁止进入举升机下面。
③将安全爪支起，如安全爪已压死，应另外用千斤顶将举升机支起 10 cm 左右。
④按照举升机使用说明书规定方法下降举升机。

> **注意**
> 不可突然旋转手动旋钮，以防车辆突然下降，造成车辆损坏或安全事故。

二、四柱汽车举升机的使用说明

1. 四柱汽车举升机结构和安装前注意事项

四柱汽车举升机适用于维修总质量不超过 3 500 kg 的小车或轻型货车，外形尺寸如图 5-42 所示。
安装前注意事项：
①安装使用该举升机必须具有不小于厂家规定的使用空间，并且不得露天安装使用。
②四个立柱的混凝土厚度不得小于 150mm，并且位于同一水平面，误差不可超过 5mm，待混凝土完全凝固后(一般要 7 天)安装设备。

任务三 汽车举升机安全使用

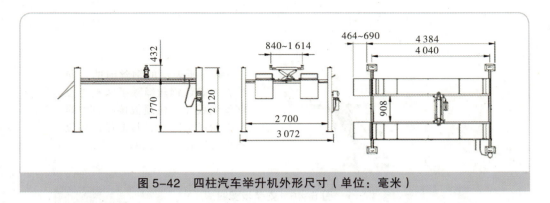

图5-42 四柱汽车举升机外形尺寸（单位：毫米）

2. 安装步骤

①拆开立柱的包装，根据安装空间的情况，分布四个立柱，主立柱的位置参见图5-42。

②拆下立柱顶板，并从立柱内拆下保险板和行程开关放在一旁备用（注意不要遗失螺栓和垫片），向外侧倒下立柱并将横梁插入立柱内，注意横梁上装有绳轮的一侧朝内，如图5-43所示。

③立起立柱，将两个横梁垫高至离地面约400mm。

④将主平台下的液压缸活塞杆向外拉出1 200mm左右，以保证后面的安装过程顺利。

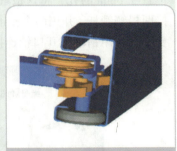

图5-43 安装步骤一

同时拉动钢丝绳的四个头，不可以撬动活塞杆，不可以用硬物以任何方式接触活塞杆，防止活塞杆变形或损伤活塞杆的表面，从而影响举升机的使用，这一点在以后的使用中也要注意。

⑤安装两个平台，注意主平台和主立柱(焊有电动机安装架的立柱)的相对位置，如图5-44所示。在两端用六角螺栓、螺母、平垫圈、弹簧垫圈将平台、横梁固定，如图5-45所示。

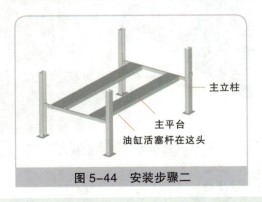

图5-44 安装步骤二

图5-45 安装步骤三

⑥微调立柱的位置，使横梁上的限位轮在立柱的内折边上能灵活滚动。用膨胀螺栓固定立柱，紧固后要保证四立柱都与地面垂直。

⑦照原样装立柱顶板，将立柱顶板插在立柱内，用螺栓和螺母以及平垫圈、弹簧垫圈在两边与立柱固定，用螺栓从后侧直接拧进顶板上的螺纹孔内。

⑧按图5-46所示整理好钢丝绳，并用螺母将其固定在立柱顶板上，调节螺母，确保两平台水平，调好后装上开口销。

沿图所表示的钢丝绳的走向检查，确认钢丝绳除了两端与拉钢丝绳板和立柱顶板接触、中间与绳轮接触之外，其他任何部位不得与其他零件接触。

图 5-46　安装步骤四

⑨如图 5-47 所示，装两根解锁杆，注意其中有一根解锁杆上在距离杠杆端约 53cm 处有一个直径 6mm 的孔，将这根解锁杆装在主立柱那一头，在横梁内侧穿上解锁手柄，用连接螺母连接两根解锁杆，并用两个标准螺母和弹簧垫圈并紧，注意：两根杆上的杠杆（在横梁外侧的部分）要平行；用销轴和开口销连接解锁杆与拉杆，固定手柄。

图 5-47　安装步骤五

⑩用 4 个螺栓将动力单元固定在主立柱上，用胶管连接动力单元和主平台外侧的油管接头，在管接头端部凹坑内放置 O 形密封圈，如图 5-48 所示。

⑪在油箱中加 10L 的液压油，把油箱口塑料盖拧紧，防止灰尘、异物等进入油箱以致影响举升机的正常使用。

⑫将电源线直接接入电动机接线盒内交流接触器的标有 1、2、3 的接线端口上，试着按动电源按钮，如果举升机不上升，则有可能是电源的相序反了，请将三根电源线中的任意两根交换。

⑬将举升机降至最低位置，安装保险板，先用螺栓穿进立柱顶板上面的孔，拧在保险板上端的螺纹孔中，可调节此螺栓，确保四个保险板位于同一高度，其误差不要超过 5mm，最后用螺栓、平垫圈、弹簧垫圈从立柱后面的长圆孔中固定保险板。

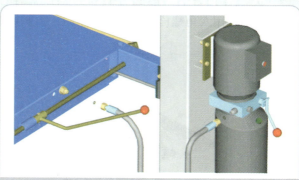

图 5-48　安装步骤六

这一部分的工作只能由持有操作证的电工来完成。请在举升机附近的显著位置装一个空气开关，并确保能够看见或明确识别，以备在特殊情况时能够快速切断电源。

⑭ 将开始安装时拆下的行程开关用螺钉在原位装好。
⑮ 用螺栓、平垫圈将斜坡板、挂板固定在横梁上，将斜坡板与挂板用销轴连接起来，如图5-49所示。

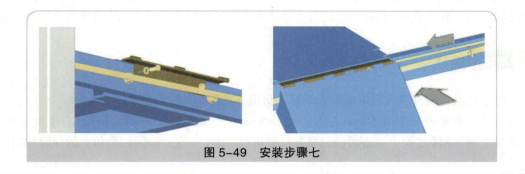

图5-49　安装步骤七

⑯ 在每个平台的两头都各有两个孔，它们正对着横梁上的孔，如图5-50所示。将安全挡块插好，斜坡板那一端的安全挡块在车辆上下时要拿开。

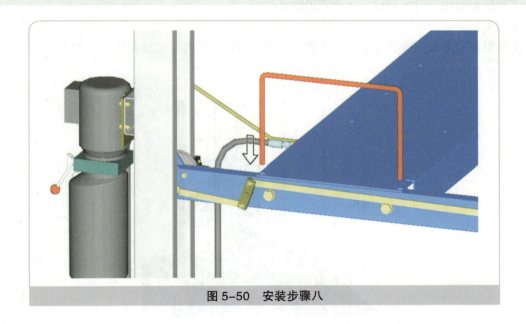

图5-50　安装步骤八

三、安装检查

全面检查举升机的安装情况，确保连接件紧固；可调节处达到规定要求；尤其是所有的油管不能松动；除了两头，钢丝绳不可以和绳轮以外的任何物体接触；所有的绳轮都能轻松转动，然后可以试车。

按动电源按钮，举升机上升，注意四个立柱的锁块是否同时动作，如不同时动作，可以调节四个立柱顶上的钢丝绳螺母，直至最佳状态。

如果以上要求都能达到，那么安装调试结束，该举升机可以交付使用。

1. 举升操作

取下斜坡板一头的安全挡板（如果在上面），将汽车开上（或推上）举升机，拉上驻车制动手柄，插上后挡板，按动电源按钮，举升机上升至所需高度后松开电源按钮，扳动手动卸荷阀，使举升机下降一点（不会超过100mm），让四个锁块锁在立柱内的保险板上。然后可以开始维修作业。

2. 下降操作

下降前必须先检查举升机下面有无维修人员或其他障碍物。

检查完后将举升机上升50mm左右，左手扳动手柄使四个锁块全部打开，右手扳下卸荷阀手柄即可下降，下降过程中请密切注意举升机的运行状态，一定要确保四个角上的保险同时打开。

3. 使用注意事项

①认真阅读并确信理解产品说明书和警示标志。
②液压阀在出厂时已调好，用户不得随意调整。
③经常按产品说明书中所述的方法检查、调试举升机。
④横梁两端的安全装置定期加油润滑，横梁内的锁块可通过加油孔加油，如图5-51所示。

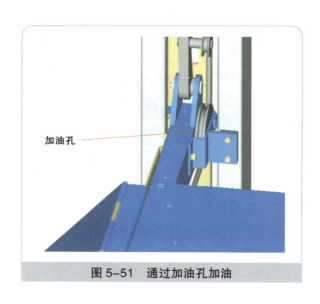

图5-51 通过加油孔加油

课题六

汽车维护与修理常用检测工具

学习任务 →

1. 掌握万用表及汽车专用万用表的使用方法。
2. 掌握汽车解码仪的使用方法。
3. 掌握汽车四轮定位仪的使用方法。

任务一　汽车专用万用表

一、万用表的分类及使用方法

（一）普通指针式万用表

普通指针式万用表是一种用于电工电子测量、电器维修必不可少的测量工具，它测量精度高、携带方便、价格低廉、功能齐全、一表多用，在普通汽车电气设备维修中被广泛应用。

指针式万用表的测量原理是把被测电量、电压、电流、电阻等都转换成电流信号，使磁电式表头指针偏转一定角度，并与输入量保持一种对应关系。通过指针的读数和量程的选择来完成测量。图6-1所示为指针式万用表。

图6-1　指针式万用表

1. 使用方法

（1）调"零点"。使用前如果指针不是准确地指在表面标度尺的零点，则必须用螺丝刀慢慢旋动"起点零位"。

（2）直流电压测量。挡位置于被测直流电压的相应量程范围。然后将红表棒接入电路的被测端正极（+），黑表棒接入被测电路的负极（-）。表头指示读数即为被测直流电压的数值。如果在电路上测量直流电压时，表针反向偏转，则说明被测电压极性相反，只需将表棒的黑、红极互换即可。

（3）交流电压的测量。万用表的表头本身是直流电流表，因此交流电压必须经过整流后，才能测量。一般常采用半波整流或全波整流。测量时，挡位置于被测交流电压的相应量程范围，电表接法与测量直流电压相同（用直流挡测交流电压时，指针会抖动而不偏转，用交流电压挡去测直流电压时，表针读数大约要高一倍）。

（4）直流电流的测量。万用表的表头是一个磁电式直流电流计，因此它可以直接测量很小的直流电流。

（5）电阻的测量。若将电阻串接入表头的电路中，则当通过电流时，电表的偏转角度，要比原来串接入电阻时要小。如果将它减小的程度转换成电阻标度，就构成欧姆表。因此，测量电阻实质上是测量通过被测电阻 RX 的电流，为了提供测量电流，万用表内均用电池作为电源。表盘上调"0"欧姆的可变电阻器旋钮。指针式万用表的红表棒是欧姆挡内电源的"-"极，黑表棒是"+"极。

在使用时还要注意，选择挡位要合适。先要将两表棒短路，使指针向满度偏转，然后调整"0"，使指针指示在欧姆标度尺"0"位置上，如果"0"调整器调到最大位置表针不满度偏转，则必须更换表内电池，为了提高测试精确度，选择"Ω"量程应使指针指示值尽可能指示在刻度中间位置，即全刻度起始的 20%～80% 弧度范围内。应当指出，每当换过一个"Ω"量程，要重新调整一次"0"位。

2. 注意事项

①测量电阻时应在电阻不带电时用欧姆挡表笔跨接在被测电阻两端。

②在用万用表测量电路上某两点间的电阻时，如有非线性元件连接着，一定要注意表棒的极性，因为不同极性所测出的结果是不同的。

③要避免用"×1"挡（电流较大）和"×10k"挡（电压较高）直接测量普通的小电流和低电压的晶体管，以免损坏晶体管。

④在测试时，不应任意旋转开关旋钮。

⑤如果不知被测值的大约数值，应先放在最大量程挡，然后减小量程，到合适为止。

⑥测量直流电压、电流时，应注意极性，否则接反后，表针反走，既看不出读数，也易损坏表针。

⑦测量电压时，应跨接（并联）在需要测量的端子上。测量电流时，必须串联在电路中。

⑧在高阻值挡测量高电阻时，不应用手指捏住表棒（导体）两端，否则人体电阻会跨接在电表上，致使测量发生误差。

⑨万用表的内阻较小，测量时分流损耗较大，所以其不宜用来测量高内阻的电路，否则会产生较大测量误差。

⑩万用表的交流电压挡,不适用于测量较高频率的信号;又因为该万用表没有低于1V的交流电压挡,毫伏、微伏级的信号也无法测量。

(二)数字式万用表

数字万用表是一种新型的电工、电子测量工具,特别是近年来,得到迅速推广和普及,显示出强大的生命力。在许多情况下正在逐步取代模拟万用表。

数字万用表具有很高的灵敏度和准确度,显示清晰直观,功能齐全,性能稳定,输入阻抗高,测量速度快,过载能力强,携带方便,深受广大电子爱好者喜爱。下面以DT890万用表(图6-2)为例,介绍其基本构造和使用方法。

DT890A、DT890B、DT890C是全面改进的三位半手持数字式万用表,它可以用来测量直流电压/电流、交流电压/电流、电阻、电容、二极管、三极管的hfe值和温度。

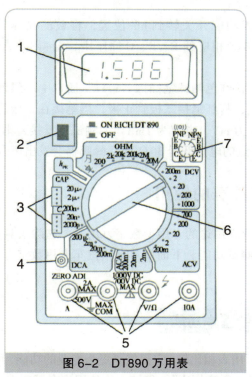

图6-2 DT890万用表

1—显示器;2—开关;3—电容插口;4—电容调零器;5—插孔;6—选择开关;7—hfe插口

1. 技术规格

①交、直流电压量程:200mV、2V、20V、200V、1 000V 各五个挡位,输入阻抗10MΩ。
②交、直流电流量程:2mA、20mA、200mA、10A。
③电阻挡量程:200Ω、2kΩ、20kΩ、200kΩ、2MΩ、20MΩ、200MΩ 七挡。
④电容量程:2 000pF、20nF、200nF、2μF、20μF 五挡。
⑤二极管:正向直流电流约1mA,反向直流电压约2.8V。
⑥三极管:可测PNP、NPN型晶体管的hfe参数$\beta=0\sim1\,000$,基极电流10μA。

2.使用方法

①直流（DC）和交流（AC）电压测量：将红色测试笔插入"V/Ω"插口，黑色笔插入"COM"中。把功能量程选择开关置于DCV（直流电压）或ACV（交流电压）相应的位置上，如果所测电压超过量程，显示器出现最高位"1"，此时应将量程改高一挡，直至得到合适的挡位，交流电压测试与直流电压相似，只是把功能量程选择开关置于交流电压ACV挡。

②直流（DC）和交流（AC）电流测量：将红色测试笔插入"A"插口（最大电流200mA）或"10A"插口（最大电流10A，测量时长为10s），将量程功能选择开关转到DCA（直流电流）或ACA（交流电流）位置，并将测试笔串入被测电路中，即可读数。

③电阻测量：将红色测试笔插入"V/Ω"、黑色笔插入"COM"中，将功能量程选择开关置于OHM（欧姆）相应的位置上，将测试笔跨接在被测电阻的两端，即可直接读出电阻值。

④电容测量：将被测试电容插入电容插座中，将量程功能选择开关置于CAP（电容）相应量程上，即得电容值。

⑤晶体管测量：将量程功能开关转到hfe位置，将被测晶体管PNP型或NPN型的发射极、基极和集电极的脚插放到相应的E、B、C插座中，即得hfe参数，测试条件$V_{ce} \approx 3V$，$IC \approx 10mA$。

⑥二极管和通断测量：将红色测试笔插入"V/Ω"插口中，黑色笔插入"COM"中。将量程功能开关转到相应位置上，将红笔接二极管正极，黑笔接在二极管负极上，显示器即显示二极管的正向导通压降，单位为mV，电流为1mA。如测试笔反接，则显示过量程状"1"。用来测量通断状态时，如被测量点的电阻低于30Ω时，蜂鸣器会发出声音表示导通状态。

二、汽车专用万用表的使用

汽车万用表是一个具有特殊用途的专用型数字万用表，它除了具备普通数字万用表所有功能外，还具有汽车专用项目的测试功能。下面简单介绍汽车专用数字万用表的基本功能、技术参数和使用方法。

（一）汽车万用表的基本功能

汽车专用万用表与一般万用表相比较，它提供了更为专业的功能，可以检测电路中信号的频率、占空比、温度、转速和点火闭合角等。因此，能够正确使用汽车万用表是汽车故障检测的基本技能。下面以笛威9406A型万用表为例进行讨论，如图6-3所示。

笛威9406A型数字式汽车专用万用表的功能有：

（1）具有对直接点火（DIS）、发动机转速、发电机二极管动态测试及高压线测试的强大功能。

（2）测量发动机转速及点火闭合角。

（3）测量各种传感器和执行器的电阻、电压（或动态电压信号）和电流。

（4）测量喷油器通电时间以及传感器频率信号。

（5）长时间不用，可自动关机以节省电能。

（6）诊断发动机、变速器、ABS、SRS等的故障码，取代LED灯的跨接功能，并以声响计数和显示信号输出端电压。

（二）9406A 型万用表的使用方法

1. 电压测量

黑色表棒插入负极测试棒插座，红色表棒插入正极测试棒插座，功能开关旋至 DC（直流）或 AC（交流）量程范围，测试表棒与被测负载或信号源并联，显示屏上即可显示电压读数。

2. 电流测量

黑色表棒插入负极测试棒插座，红色表棒插入电流正极测试棒插座，功能开关置于 DC 或 AC 量程范围，测试表棒串入电路中，显示屏上即可显示电流读数。

3. 电阻测量

黑色表棒插入负极测试棒插座，红色表棒插入正极测试棒插座，功能开关置于电阻量程上，测试表棒跨接在被测电阻上，显示屏上即可显示电阻读数。在进行电阻测量时，被测部件必须从电路上脱开。

4. 频率测量

黑色表棒插入负极测试棒插座，红色表棒插入正极测试棒插座，功能开关置于 Hz 位置，红色表棒测试线接传感器信号端，黑色表棒测试线搭铁或蓄电池负极，显示屏上即可显示频率读数。

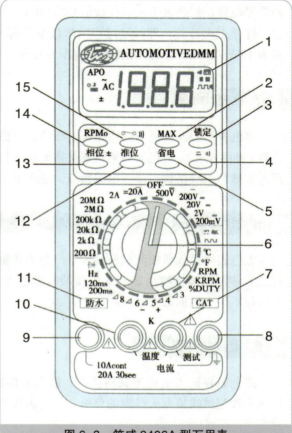

图 6-3　笛威 9406A 型万用表

1—液晶显示屏；2—MAX：测试中读取最大值；3—测试中锁定目前屏幕上数值；4—AC/DC 切换，电路导通检查；5—电源 15min 后自动关闭；6—选择所需测试挡位；7—正极测试棒插座及温度测试棒插座；8—负极测试棒插座；9—电流正极测试棒插座；10—温度测试棒负极插孔；11—防水符号；12—测试电路中平均电压插孔（平均电压以上为 Hi，以下为 Lo）；13—波形斜率正负；14—四冲程/二冲程/DIS 切换；15—检验电表内部熔断器

5. 二极管测量及带蜂鸣器的连续性测试

黑色表棒插入负极测试棒插座，红色表棒插入正极测试棒插座，功能开关置于二极管测量挡，并将测试表棒跨接在被测二极管上（或接在待测线路的两端）。待测线路两端电阻值低于 70Ω 时，内置蜂鸣器发声。测量时，被测部件必须从电路上脱开。

6. 读取故障码

黑色表棒插入负极测试棒插座，红色表棒插入正极测试棒插座，功能开关置于读取电路脉冲信号位置，红色表棒测试线接信号输出端，黑色表棒测试线搭铁或接蓄电池负极。

打开点火开关，即可通过声响来读取故障码。如听到一长"嘀"声、二短"嘀"声，则表示为12号故障码（具体可参见相应车型修理手册）。

7. 占空比测量

黑色表棒插入负极测试棒插座，红色表棒插入正极测试棒插座，功能开关置于"% DUTY"位置（见图6-3），红色表棒测试线接需测试的信号端（如喷油器的负极、怠速控制阀的负极等），黑色表棒测试线搭铁或接蓄电池负极。显示屏上即显示占空比数据。

8. 执行元件通电时间检测（以喷油器为例）

黑色表棒插入负极测试棒插座，红色表棒插入正极测试棒插座，功能开关置于20ms位置，红色表棒测试线接喷油器12V电源端，黑色表棒测试线接喷油器信号控制端。起动发动机，即可从显示屏上读取通电时间。

9. 闭合角测量

黑色表棒插入负极测试棒插座，红色表棒插入正极测试棒插座，功能开关置于缸数位置，红色表棒测试线接点火线圈的负极，黑色表棒测试线搭铁。显示屏上即可显示闭合角数据。

在测量时，如果测量值超过量程，屏幕只会显示"1"。此时应将功能开关置于更高量程。

（三）汽车专用万用表的使用

1. 发动机转速检测

9406A型万用表上有RPM及KRPM两挡，测量转速在2 000r/min以上时用KRPM挡，以下时则用RPM挡。注意测试时须调准位。检测时接法如图6-4所示。

测试发动机转速时，应按"四冲程/二冲程/DIS"切换键选择。

测试直接点火时单数缸须把测试夹"−"记号朝向点火线圈。

2. 频率检测——大气压力传感器（FORD）检测

汽车电路中，采用频率信号做输出及输入装置的有：怠速电动机（IAC），福特车系所用进气压力传感器，空气流量计（MAF），通用汽车公司的脉冲式控制 EGR 系统，喷油器，转速参考信号，EST 点火系统等。

检测步骤如下：

①电表旋钮开关拨在"Hz"位置。

②红色测试线接在动作器及传感器控制端或信号端，如图 6-5 所示。黑色测试线（负极）接至车身搭铁或接蓄电池负极。

③读不到数值时，选择触发准位 Hi 或 Lo 即可。

> **注意**
>
> 频率信号的动作元件，其规格应参阅检修手册，以便进行判断或调整。

3. 动作元件 ON/OFF 时间检测——喷油器喷油时间检测

喷油器一连串的 ON、OFF 动作是基于发动机所需燃油而定，计算机依据冷却液温度、空气流量、进气压力、节气门开度、转速、爆燃、车速、点火参考脉冲、燃油短效修正、燃油长效修正、含氧量等信号作为喷油时间修正量。喷油器喷油时间检测如图 6-6 所示。

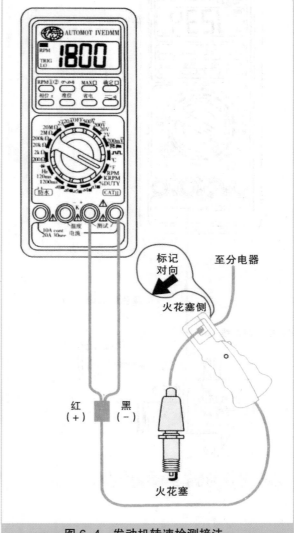

图 6-4 发动机转速检测接法

喷油器的基本波形可察看喷油器本身是否有不良状况、计算机本身控制喷油器状况等是否正常。检测时间正常应在 3.0 ~ 15.0ms（轻负荷~重负荷），喷油时间的改变将依据发动机转速改变。检测时红测试棒接信号端，黑测试棒接车身搭铁，挡位拨至"ms"挡并按下相位及准位键，以调整计算机触发方向（图 6-6）。

课题六 汽车维护与修理常用检测工具

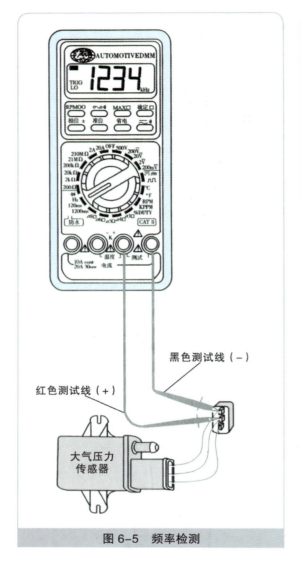

图 6-5 频率检测

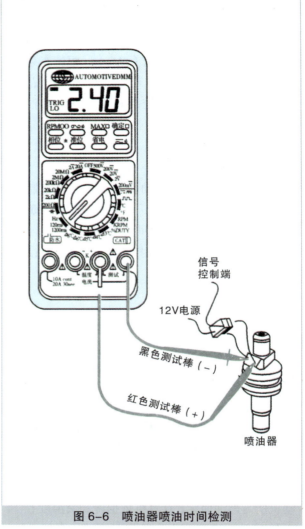

图 6-6 喷油器喷油时间检测

任务二 汽车解码仪

一、元征 X-431

（一）元征 X-431 电眼睛诊断仪概述

1. 特点

（1）先进性。

X-431 是目前世界上领先的汽车解码设备。极具现代感的外观设计和触摸式的大屏幕液晶显示器使得产品外形简洁，可拆卸的微型打印机和可外接键盘更方便用户的操作。该产品是汽车工业与信息技术结合的产物，开创了 IT 时代汽车诊断计算机新的发展方向。这种基于开放式诊断平台的产品不仅创新了汽修企业的维修诊断方式，而且也受到了"爱车族"的喜爱。

（2）开放性。

①主机系统开放式。X-431 是一种基于 Linux 操作系统开发的多功能、多语言环境的具有开放式诊断平台特点的汽车诊断计算机。

②接口开放，支持第三方开发。

（3）综合性。

X-431 还具备 PDA（掌上计算机）的所有功能以及汽车诊断等多种功能：

①连笔手写输入、个人数据管理、海量英汉字典。超大容量的数据库可以实现对用户及个人资料的多用途管理。

②具有游戏功能，使工作更轻松，生活充满乐趣。

③具有对装备 OBDII 的车型和欧洲、日本及国产大部分车型的诊断（解码）功能，其他车型的诊断功能也在逐步开发当中。

（4）灵活性。

①主机在单独使用时，可成为一台标准的手持式计算机，具备所有标准的掌上计算机功能，如个人数据管理、游戏等。

②SMARTBOX（诊断盒）分拆后，可用 PC 机作为上位机进行诊断，即在不用主机的情况下，同 PC 机配合相应的软件也可进行诊断，而这种软件可以直接从网站上下载。这个特点也保证了以 PC 机为上位机的诊断系统随着 X-431 的推出也同步推出，SMARTBOX 甚至可以分开出售，这是这个产品很重要的一个特点。

③SMARTBOX 与上位机的接口是一个标准的 RS232 口（三线），可在这个基础上开发更多

的 BOX 作为这个产品的功能提升，如 SENSORBOX、REMOTEBOX 等。此特点为产品的增值服务提供了很大的便利。

④ SMARTBOX 由于进行了详细的功能设计，为后续的升级服务（网上下载升级）奠定了基础，不像过去的 431ME 的升级需要更换接头等。

⑤ MINIPRINTER 是分拆的，它与主机相连的是标准并口，所以用户可用它进行随机打印，也可拆下来用标准的打印设备打印，这是此设备很独特的一点。

2. 结构

（1）主机。它实际就是一个掌上计算机，带背光的触摸屏，用触笔进行操作。

（2）迷你打印机。它位于主机上部，插拔式拆装，简单方便。

（3）SMARTBOX。它位于主机下部，拆装方法同迷你打印机，和主机连接后，可以进行汽车诊断（解码）。在这个位置还可后续开发其他测试盒，如 SENSORBOX 等，以便扩展其功能。

（4）其他附件。如测试主线、诊断接头等（图 6-8 中未画出）。

图 6-7 所示为 X-431 外观图。接口及指示灯如图 6-8 所示。

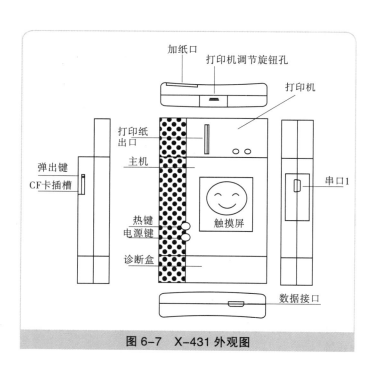

图 6-7　X-431 外观图

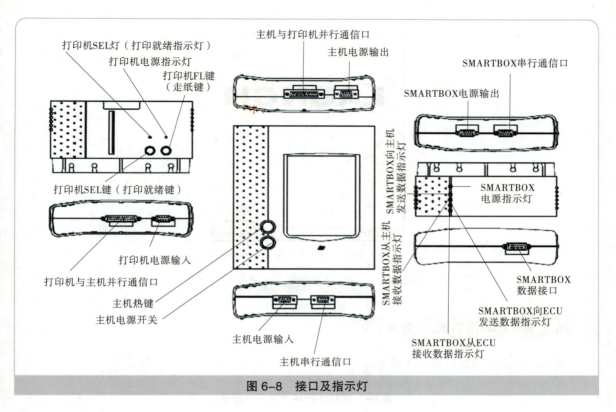

图 6-8 接口及指示灯

（二）主机

1. 开机与关机

可以通过三种方法给主机供电：
①通过测试主线与汽车诊断座。
②通过测试主线与点烟器。
③通过测试主线与单钳电源线。
接通主机电源，按下主机面板的"电源键"，显示校正触摸屏提示；若想校正请按"热键"，操作步骤参照后述校准触摸屏；若不想校正，请等待后进入启动画面。
按住"电源键"2s 以上，关闭主机。

2. 界面图标介绍

（1）"开始"按钮。使用方法类似 Windows。使用手写笔单击后，弹出开始菜单，再单击相应的项则启动该程序或进入特定的画面。图 6-9 为开机画面。
（2）"活动任务栏"图标。使用手写笔单击，可显示和切换已执行的程序。
（3）"背光灯"图标。点亮或关闭背光。
（4）"软键盘"图标。使用手写笔单击可以在显示与隐藏之间切换。当激活（显示）软键盘后，有三种输入方式可供选择：手写输入、英文输入、拼音（中文）输入。

课题六 汽车维护与修理常用检测工具

图 6-9 开机画面

3. 主机（PDA）功能一览表

主机（PDA）功能如表 6-1 所示。

表 6-1 主机（PDA）功能一览表

个人信息管理	备忘	用户可以随心所欲地记录各种重要信息和自己的想法心得，还可以对各种信息进行分类
	地址	存储亲友、同事、商务伙伴的详细资料，包括地址、电话、邮编等，还可根据不同的需要进行编辑、检索、查询
	待办	方便用户记录待办和已办事项，可以删除和添加任务记录，安排任务的优先级，对任务进行分类浏览
	日程	编排一天二十四小时的约会、行程及会晤；查看日、周、月、年的时间占用情况，对每一日程记录配有地点、起止时间等细节说明
工具	计算器	简易的计算器，能满足日常的所有工作需要
	世界时钟	使用户随时随地把握个人时间，提供世界多个大城市时间可供查找，可以随时了解各地时间，是外出旅行不可或缺的好帮手
	字典	英汉字典收录大量词汇，涵盖了各个领域，可解决在语言方面的障碍
	运行	可运行基本操作系统开发的任何可执行程序
	图片浏览	用户可以在 X-431 中欣赏各种图片，还可以对图片进行放大缩小显示
游戏	五子棋	闲暇时玩一会儿，不久会发现自己的水平有所提高
	反转棋	互相争夺地，你来我往，其乐无穷
控制面板	应用程序	将应用程序链接到启动菜单中，或将其从启动菜单中删除
	电源管理	用户可以对电源使用情况进行设置，使其最大限度地省电
	时钟	用户可以设置系统时间
	对比度	显示显示屏的对比度
	语言设置	用户可以对语言进行切换

4. 基本操作

单击开始菜单，从中选择要运行的程序，单击后即启动该程序。

（1）软键盘的激活与隐藏。使用手写笔单击屏幕底部的软键盘图标可以激活软键盘，再次单击可以隐藏软键盘。

（2）软键盘的输入。软键盘提供两种输入方式：通过手写笔代替手指，即类似普通键盘的输入方式和手写方式，键盘输入方式在不同的语言下会有所不同（图 6-10）。

在简体中文下，单击"En"按钮将从英文输入法切换到中文输入法"Ch"，单击"Ch"按钮将从中文输入法切换到手写输入方式"Hw"，单击"Hw"按钮将从手写输入方式切换到英文输入法。

当处于中文输入状态时，X-431的联想功能可方便输入，它会自动猜测将要输入的文字，如果正好是所需要的内容，只要选中它就可以了。

（3）软键盘的功能键。软键盘右上角有四个功能按钮，由左向右依次为半角/全角切换、标点符号切换、输入法切换和软键盘显示位置切换（可以选择是显示在屏幕上半部还是显示在屏幕下半部）。软键盘最上面中部四个按键是光标键，分别表示左移、右移、上移、下移光标。软键盘左上角显示当前输入法。

键盘输入时，软键盘的左下角是"!"键，用手写笔单击此键后，软键盘的各个字母键相应改为大写，数字键改为特殊字符（与标准键盘数字键所对应的特殊字符相同）；软键盘右下角的白色键是空格键。

手写输入时，软键盘左下侧共有八个功能按钮，底部的四个为向左、向右、向上、向下移动光标功能；其他四个分别可以实现删除当前光标的前一个字符、清除手写输入区、空格、换行功能。

应用程序的控制如图 6-11 所示。

①复选框。复选框显示为一个方框，单击复选框可选择功能。当该功能被选中时，复选框中会显示"×"，复选框右侧显示功能说明。也可同时选中几个功能。

②复选框画面中的"取消"按钮。单击该按钮后，当前画面将被关闭；若正在编辑，则默认为放弃编辑。

③滚动条。滚动条通常显示在屏幕最右侧，可单击或者点住滚动条进行拉动操作。当所有的内容无法在一页内完全显示时，可以使用滚动条进行翻页查看。

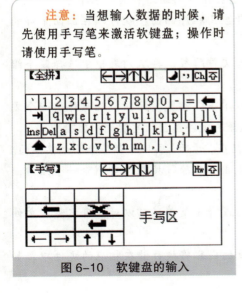

图 6-10 软键盘的输入

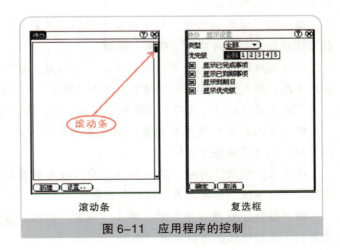

图 6-11 应用程序的控制

课题六 汽车维护与修理常用检测工具

5. 系统设置及控制

控制面板中涵盖了系统的所有硬件、软件相关的设置,通过设置,使软件更符合个人的使用习惯。

- 单击"开始"按钮。
- 在弹出的菜单中选择"控制面板"项。
- 打开控制面板画面。

应用程序画面如图 6-12 所示。

注意:在保存本应用程序的修改时,请先关闭其他应用程序。

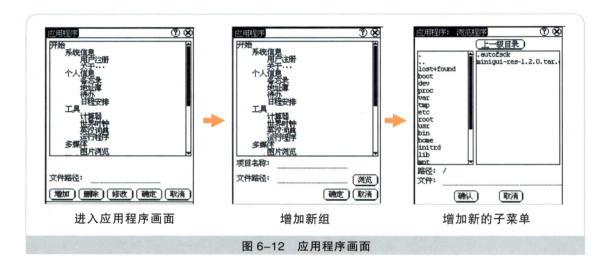

图 6-12 应用程序画面

控制面板显示了启动菜单中所包含的应用程序信息,包括所属的组名和其子菜单等。

- 在控制面板画面中,单击"应用程序"图标,打开应用程序画面,就可以在画面中部的列表框中看到相关的信息了。
- 单击"增加"按钮,输入项目名称和对应的可执行文件路径,再从列表框中选择某个组作为被挂接点,然后单击"确定"按钮。

输入文件路径时,除了利用编辑框输入以外,还可以单击"浏览"按钮,此时弹出一个文件对话框,当找到所需的文件以后,单击"确定",所选择的文件将自动复制到编辑框中。

子菜单必须被挂接在某个现有的组下面,而不能被挂接在"开始"项目或者某个子菜单下面。

- 先在列表框中选择要删除的组或者子菜单,然后点击"删除"按钮。当删除一个组时,其中的子菜单将被全部删除。
- 单击"修改"按钮,再从列表框中选择要修改的组或者子菜单,可以对项目名称、文件路径等进行修改,然后单击"确定"按钮。
- 当编辑了应用程序以后,单击"确定"按钮,修改的内容将被存储在相应的文件中。如果要放弃此次修改,可以单击"取消"按钮。

在电源管理画面中(图 6-13),可以看到存储设备使用情况,并可进行自动关机时间的设定。

- 在控制面板画面中,单击"电源管理"图标,打开电源管理画面。
- 单击自动关机时间右侧的按钮,在弹出列表中选择"不关机"项或"自动关机时间"。
- 单击"确定"按钮,保存设置并关闭电源管理画面。

(1)时间设置。用户可以在此处设置系统的时间和时区等(图6-14)。
- 在控制面板画面中,单击"时钟"图标,打开时钟画面。
- 在时钟画面中,单击"设置时间"按钮,打开时间设置画面。
- 单击"上下午"右侧的文字,可以对上午和下午进行设置,高亮显示的即为被选中。
- 激活软键盘,可以对"小时""分钟"和"秒"进行直接设置。

图6-13 电源管理

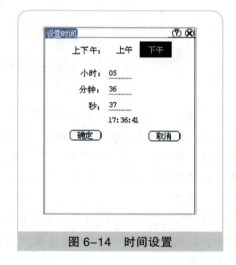

图6-14 时间设置

- 单击"确定"按钮,保存并关闭时间设置画面。

时区设置如图6-15所示。
- 在时钟画面中,单击"设置时区"按钮,打开时区列表。
- 列表中,单击滚动条进行翻页查看,单击用户的时区,该时区高亮显示即为被选中。
- 单击"确定"按钮,保存并关闭时区列表。
- 在结束所有设置后,单击时钟画面的"确定"按钮,保存所有设置并关闭时钟画面。

日期设置如图6-15所示。
- 在时钟画面中,可以直接对日期进行设置。
- 单击月份或年份左侧的"◀"图标,翻到上一个月或上一年。
- 单击月份或年份右侧的"▶"图标,翻到下一个月或下一年。
- 在当前月份的日期中单击要选择的日子,高亮显示即为被选中。
- 单击"设置日期"图标即保存设置。
- 单击"退出"图标即退出时钟设置功能。

(2)屏幕对比度设置。调节屏幕的显示对比度(图6-16),使界面更清晰地显示。
- 在控制面板画面中,单击"对比度"图标,打开对比度画面。
- 在对比度画面中,单击要调节到的对比度位置,即可进行对比度的调节。
- 单击"确定"按钮,保存并关闭对比度画面。

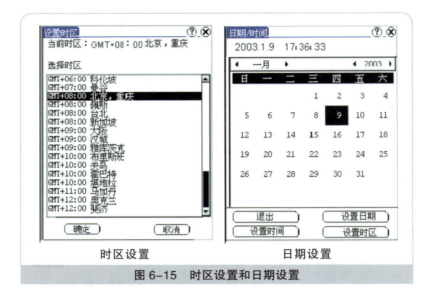

图 6-15 时区设置和日期设置

（3）语言设置。多语言设置，方便用户使用（图6-17）。
● 在控制面板画面中，单击"语言"图标，打开语言画面。
● 在语言画面中，单击所需要的语言类别图标。
● 单击"确定"按钮，开始切换语言，并关闭语言画面和控制面板画面。

注意

在切换语言时，请关闭所有应用程序。

（4）校准触摸屏。方便用户校正触摸屏的精确度。校准触摸屏是分两步进行的。首先是自动探测噪声，这个阶段如果用户点击触摸屏，会影响噪声值。噪声探测完后进入校准阶段，显示校准十字光标。
● 开机后，按照提示，按下"热键"就打开了校准触摸屏程序。
● 准确点中屏幕上的十字符号，等待其变化后，即完成一次校准。
● 完成各角落的校准后，系统将自动返回到开机主画面。

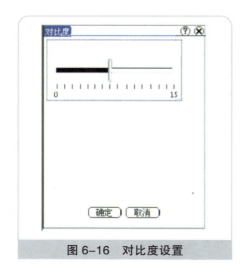

图 6-16 对比度设置

图 6-17 语言设置

6. 程序的使用

（1）工具。工具包括计算器、世界时钟、英汉字典和图片浏览，具体使用方法请参考使用说明书。

（2）游戏。游戏包括五子棋和反转棋，具体游戏规则和操作技巧请参考使用说明书。

（3）个人信息管理。个人信息管理包括备忘、地址、待办和日程，具体功能和使用方法请参考使用说明书。

7. 使用技巧及使用中常见问题

（1）为什么打开软键盘后无法输入数据？

答：可能有如下几种情况：

①光标所在位置不可编辑。

②没有激活输入位置的光标，使用手写笔点击要编辑的部分，看到光标在闪动，即可输入数据。

（2）为什么在活动任务栏中无法切换到在运行的程序画面？

答：请先关闭当前画面中和该程序相关的画面，如帮助、详细信息等。

（3）为什么屏幕出现小的十字光标后就不动了？

答：此时处于校准触摸屏状态，校准后才能启动，详见"校准触摸屏"。

（4）为什么保存的数据不见了？

答：可能有如下几种情况：

① CF 卡已经损坏。

②切换了语言系统，而这些数据是和语言相关的，只有切换回原先的语言系统，才会找到这些数据。

（5）为什么触摸笔单击的时候没有反应或反应错误？屏幕出现混乱该怎么办？

答：无反应或反应错误，此时可能需要重新校准触摸屏，详见"校准触摸屏"。如出现混乱，则请关闭当前的应用程序（即当前画面），重新进入；如仍然不可用，请重启系统。

（6）怎样知道打开了哪些程序（画面）？

答：单击活动任务栏图标，弹出的列表中显示已经打开的程序（画面）。

（7）为什么无法对当前的画面操作？

答：可能有如下几种可能：

① 当前画面已经非法退出，请单击活动任务栏图标，查看弹出的列表中是否有该程序（画面）名称。

② 系统繁忙，请耐心等待，或单击活动任务栏图标切换到其他程序（画面）中。

（8）为什么系统启动时提示没有找到 CF 卡？

答：首先看 CF 卡是否已插入，如果已经插入，则看 CF 卡有没有插好或损坏。

（9）为什么无法进入诊断系统？

答：未插入包含诊断程序的 CF 卡。

（三）诊断

1. 安全注意事项

①汽车蓄电池液中含有硫酸，硫酸对皮肤有腐蚀性，操作时应避免蓄电池液与皮肤直接接触，特别注意不能溅入眼睛，严禁火种靠近。

②发动机排出的废气中含有多种有毒化合物（如碳氢化合物、一氧化碳、氮氧化物等），应避免吸入，操作时应将被测车辆停放在通风良好的场所。

③发动机运转时温度较高，应避免接触散热器和排气管等高温部件。

④起动发动机前，应拉好驻车制动手柄，特别应挡好前轮，并将变速杆置于空挡（手动变速器）或 P 位（自动变速器），以免起动发动机时，车辆冲出伤人。

2. 操作汽车 ECU 注意事项

对装备了电子控制系统的汽车进行诊断操作时，应注意以下事项：

①当点火开关接通时，绝不能断开汽车内部电器装置，因为在断开时，由于线圈的自感作用，将会产生很高的瞬时电压，这种电压将会造成传感器及 ECU（Electronic Control Unit，电子控制单元）的损坏。

②不能将无线电扬声器等磁性物体置于靠近 ECU 的地方，因为扬声器的磁铁会损坏 ECU 中的电路和部件。

③当在汽车上进行焊接作业时，事先应切断 ECU 系统电源。

④在靠近 ECU 或传感器的地方进行修理作业时，应加倍注意，以免损坏 ECU 和传感器。

⑤在拆装可编程只读存储器时，作业人员应自身搭铁，否则身上的静电会损坏 ECU 电路。

⑥除在测试程序中特别说明外，不能用指针型欧姆表测试 ECU 和传感器，而应使用高阻抗的数字式万用表进行测试。

⑦不要用测试灯去测试那些与 ECU 有关的电器装置，以防止 ECU 或传感器损坏，除非另有说明。

⑧当人员进出车厢时，人体的静电放电可产生高达 10 000V 的高压，因此对 ECU 控制的数字式仪表进行维修作业或靠近这种仪表时，一定要戴上搭铁金属带，将其一端缠在手腕上，另一端夹在车身上。

⑨应可靠地连接 ECU 线束接头，否则可能损坏 ECU 内部的集成电路等电子元件。

3. 测试条件

对装备了计算机控制系统的汽车进行诊断操作时，应注意以下事项：

①汽车蓄电池电压应为 11~14V，X-431 的额定电压为 12V。

②节气门应处于关闭状态，即怠速触点闭合。

③点火正时和怠速应在标准范围，冷却液温度和变速器油温达到正常工作温度（冷却液温度 90℃~110℃，变速器油温 50℃~80℃）。

4. 打印机的使用

X-431 所配微型打印机使用 30×57mm（内孔为 7mm）的热敏打印纸，打印纸的安装如图 6-18 所示。

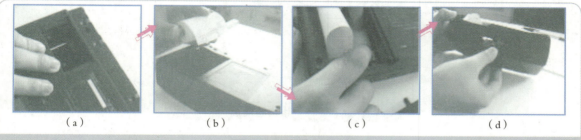

（a）　　　　　　　　　（b）　　　　　　　　　（c）　　　　　　　　　（d）

图 6-18　安装打印纸

- 打开打印机背面的装纸盖板，如图 6-18（a）所示。
- 取出打印机装纸轴，并将打印纸筒套在装纸轴上，如图 6-18（b）所示。
- 将打印机装纸轴安装到打印机上，注意保证打印纸的安装方向正确，否则打印机将无法走纸，如图 6-18（c）所示。
- 打开走纸侧板，扳起压纸杆，将打印纸引入出纸槽中，顺时针转动进纸旋钮，将打印纸从出纸槽中引出，如图 6-18（d）所示。
- 压下压纸杆，装上走纸侧板，盖上装纸盖，并将打印机安装到 X-431 主机上。

（1）指示灯。
- "SEL"，打印机准备就绪指示灯。
- "POWER"，打印机电源指示灯。

如果"SEL"指示灯没有点亮，可以按"SEL"键使其点亮，使打印机进入准备就绪状态。当"SEL"指示灯点亮时，说明打印机已准备就绪，此时如果 X-431 主机屏幕上显示有"打印"按钮，则可单击"打印"按钮打印测试结果。

（2）按键功能。
- "SEL"，打印机选择键。当"SEL"指示灯点亮时，微型打印机可以打印，当"SEL"指示灯熄灭时，不能打印。
- "FL"，打印机走纸键。只有在"SEL"指示灯熄灭时才有效。

5. 诊断的连接

以奔驰 16 接头为例。

①将 CF 卡插入 X-431 电眼睛 CF 卡插孔内，注意使印有"X-431"字样的一面朝下，且确保插入到位。

②将 X-431 电眼睛测试主线的一端插入 SMARTBOX 数据接口内。

③将 X-431 电眼睛测试主线的另一端与选择的测试接头相连接。

④将测试接头的另一端插入汽车诊断座（图 6-19）。

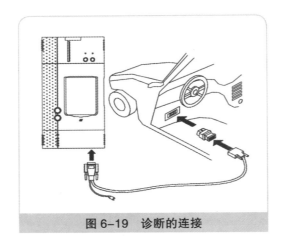

图 6-19 诊断的连接

说明：
如果所测汽车的诊断座电源不足或其电源端子损坏，可通过以下任一方式获取电源：

① 通过点烟器。取出点烟器，将点烟器电缆的一端插入汽车点烟器孔，另一端与 X-431 电眼睛测试主线的电源插头连接。

② 通过单钳电源线。将单钳电源线的电源钳夹在蓄电池的正极，另外一端插入 X-431 电眼睛测试主线的电源插口。

6. 进入诊断主界面的方法

① 当连接完毕后，按"POWER"键启动 X-431 电眼睛，启动完成后按"HOTKEY"键直接进入汽车诊断主界面；

② 从"开始"菜单下启动诊断程序（图 6-20），单击"开始"按钮，并在其弹出菜单中选择诊断程序、汽车解码程序，则进入诊断主界面。

注意

进入诊断程序前必须插入包含诊断程序的 CF 卡！

图 6-20 诊断程序

7. 下载诊断程序

在诊断主界面下单击"开始"按钮，屏幕显示车系选择菜单，如图6-21所示。单击车型图标，如图6-21（a）所示（例如单击奔驰车系或奔驰标志按钮），图6-21（b）中，X-431将对SMARTBOX进行复位和检测，并从CF卡下载诊断程序。下载完毕，屏幕显示如图6-21（c）所示，都显示成功后，单击"确定"按钮，则进入诊断程序。

图 6-21　主界面

（a）车系选择菜单；（b）奔驰车系预测菜单；（c）下载诊断程序

8. 主要界面按钮功能说明

主要界面按钮功能说明如表6-2所示。

表 6-2　主要界面按钮功能说明

按钮	功能说明
"后退"	返回上一界面
"开始"	继续执行下一步操作
"退出"	退出诊断程序
"确定"	确认并执行
"取消"	取消当前操作，并返回上一界面
"上翻页"	显示同级菜单的上一页，如所显示的内容只有一页或当前页为第一页，则该按钮变灰不可用
"下翻页"	显示同级菜单的下一页，如所显示的内容只有一页或当前页为最后页，则该按钮变灰不可用
"诊断首页"	回到当前汽车诊断程序的主菜单
"打印"	打印测试结果，只有当字体显黑时才可用
"BOX信息"	显示SMARTBOX版本信息
"帮助"	查看帮助信息，帮助信息的内容与当前界面的内容相关
"重试"	将未执行成功的操作再重新执行一次

9. 故障码读取

在按照界面提示进入系统、显示功能菜单后，图6-22（a）所示为奔驰动力系统功能菜单，单击"读取故障码"功能，X-431开始测试故障码，测试完毕，屏幕显示测试结果。

图6-22（b）所示为某次故障码测试结果。如想打印，在打印机就绪的状态下，可单击"打印"按钮进行打印。

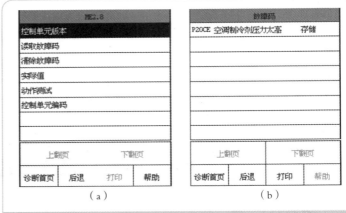

图6-22 奔驰动力系统功能菜单和某次故障测试结果

（a）奔驰动力系统功能菜单；（b）某次故障码测试结果

10. 清除故障码

在如图6-23所示奔驰动力系统的功能菜单中，单击"清除故障码"选项，X-431即执行清除故障码功能。如果清除故障码成功，屏幕显示如图6-23（b）所示的界面。

11. 读数据流并查看相应波形

在功能菜单中，单击"读数据流"功能，屏幕显示数据流项目如图6-24（a）所示。数据流项目有多页，用户可单击"上翻页"和"下翻页"按钮上下翻看。如果要查看某个或多个数据流项目的数值，可在数据流项目菜单中单击相应的选项，然后单击"确定"按钮。

例如，单击"蓄电池电压""机油油位""制冷剂温度"和"发动机转速"4个项目后，单击"确定"按钮，屏幕显示这4个项目的即时值，如图6-24（b）所示。

在数据流显示界面中，单击"图形1"，屏幕显示第一个数据流项的波形，如图6-24（c）所示。单击"下翻页"按钮，屏幕显示下一个数据流项的波形。在图6-24（c）所示的单个数

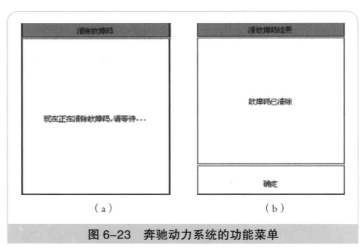

图6-23 奔驰动力系统的功能菜单

（a）执行清除故障码功能；（b）故障码清除成功界面

据流项的波形界面中,单击"图形 2",屏幕显示两个数据流项的波形,如图 6-24(d)所示。这样便于用户对相关联的数据流项进行实时对比。

在该界面下,再单击"数字"按钮,屏幕重新显示数据流即时值。数字、"图形 1"和"图形 2"这三种显示方式可以循环切换。

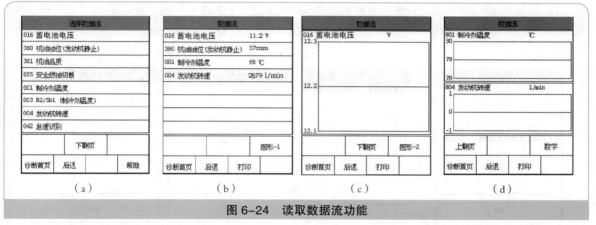

图 6-24 读取数据流功能

(a)数据流项目界面; (b)点击项目显示即时值; (c)显示第一个数据流项波形; (d)显示两个数据流项波形

12. 动作测试

在功能菜单中,单击"动作测试"功能,屏幕显示动作测试项目,如图 6-25(a)所示。动作测试项目有多页,用户可单击"上翻页"和"下翻页"按钮上下翻看。可以选择一个执行器点击后,按照界面的提示进行操作;图 6-25(b)所示为喷油器的测试界面,屏幕显示相关元件的数值及操作提示。

说明:不是所有的车型和系统都具有动作测试功能,是否有此功能由汽车控制电脑决定。

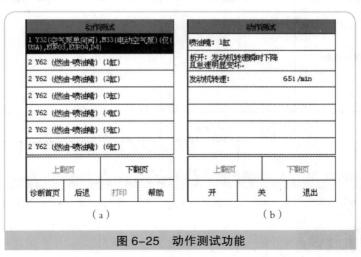

图 6-25 动作测试功能

(a)动作测试项目界面; (b)喷油器测试界面

13. 控制单元编码

警告：请不要轻易进行该项操作；如果必须进行控制单元编码，请务必由专业人员来操作。

在功能菜单中，单击"控制单元编码"按钮，屏幕显示如图6-26（a）所示。单击"确定"按钮，屏幕显示如图6-26（b）所示。

单击"1更换控制单元"，屏幕显示如图6-26（c）所示，按屏幕提示关闭点火开关。单击"确定"按钮，屏幕显示如图6-26（d）所示。

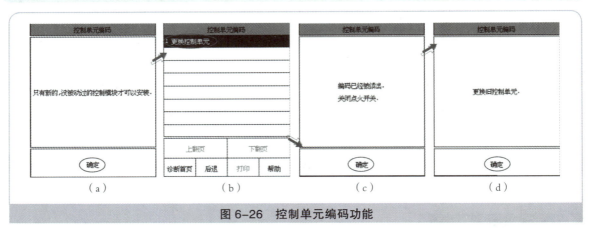

图6-26 控制单元编码功能

（a）控制单元编码界面；（b）单击"确定"按钮后的界面；（c）单击"1更换控制单元"后的界面；（d）单击"确定"按钮后的界面

更换控制单元后，单击"确定"按钮，屏幕显示如图6-27（a）所示。单击"是"按钮，屏幕显示如图6-27（b）所示。

打开点火开关后单击"确定"按钮，X-431开始对控制单元进行编码，屏幕显示如图6-27（c）所示。编码完毕，屏幕显示如图6-27（d）所示，单击"确定"按钮返回功能菜单。

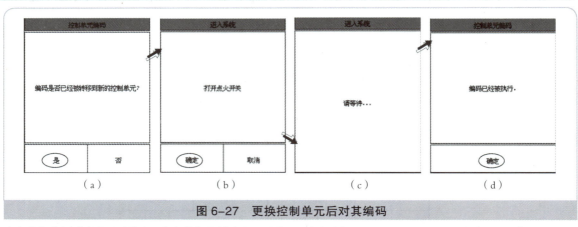

图6-27 更换控制单元后对其编码

（a）单击"确定"按钮后的界面；（b）单击"是"按钮后的界面；（c）单击"确定"按钮后的界面；（d）编码完毕后显示界面

（四）网上升级

购买了元征公司X-431产品，通过注册后，可以随时地从元征公司www.x431.com网站上下载或购买新版本的软件进行升级。

1. 用户注册

（1）点击桌面上的 ![icon] 图标进入诊断软件，系统弹出免责声明，点击"我已阅读"进入诊断软件登录界面，如图6-28所示：

图6-28　登录界面

（2）如果未注册，点击注册按钮进入注册页面，如图6-29所示：

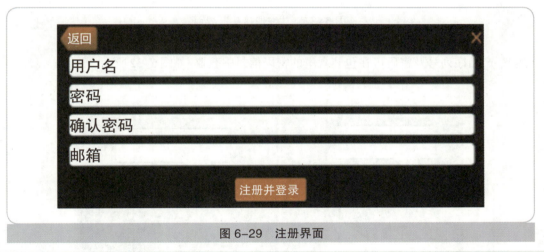

图6-29　注册界面

（3）在图6-29中，依次填写注册信息，输入完成后，点击"注册并登录"，系统进入图6-30所示界面。

图6-30　"注册成功"界面

（4）在 6-30 图中，点击"注册接头"开始注册接头。输入产品序列号和序列号密码，然后点击"确定"就注册成功了（图 6-31）。

图 6-31　"注册接头"界面

注意：产品序列号及密码可在包装盒里的密码信封中获取。如图 6-32 所示。

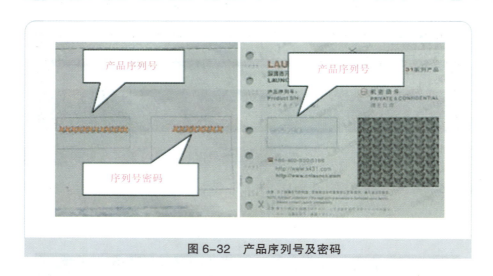

图 6-32　产品序列号及密码

2. 软件下载

①用户登录。
②在升级主页面中点击"我的下载中心"即进入软件下载选择页面（图 6-33）。
③只能免费下载同一版本的软件。

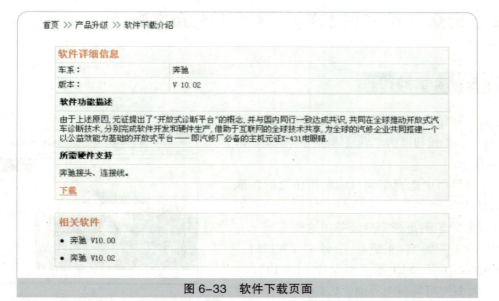

图6-33 软件下载页面

3. 软件购买

①用户登录。

②在升级主页面中点击"购买中心"即进入购买页面（图6-34）。

③选择支付方式。

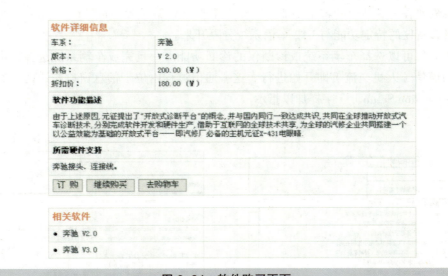

图6-34 软件购买页面

4. 软件升级

①将升级软件下载到PC（图6-35）。

②下载升级工具。

③用户自己购买CF卡读写器，并且安装好其驱动程序。

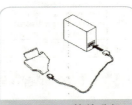

图6-35 软件升级

二、大众 V.A.S5051 车辆诊断仪的使用方法

1. 开始车辆自诊断

可以在开始界面中选择车辆自诊断（Vehicle Self-diagnosis）按钮激活车辆自诊断操作模式，如图 6-36 所示。

在开始界面中选择车辆自诊断按钮之后，诊断仪会提供一个所有已知的车辆系统列表（不管当前被诊断的车辆是否完全装备了这些系统）。V.A.S5051 的车辆自诊断软件针对 KW1281、KW2000、OBD-Ⅱ和 LT 车系而设计。KW1281 和 KW2000 大多使用同一个界面。V.A.S5051 自动鉴别控制单元与 KW1281 和 KW2000 中的哪一个系统匹配工作。

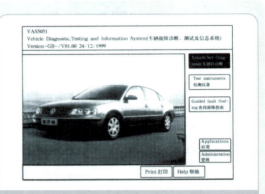

图 6-36　在开始界面中选择车辆自诊断按钮

2. 选择车辆子系统

在开始界面中选择车辆自诊断按钮之后，图 6-37 所示的界面就会出现，该界面包含所有装备在车上的系统以及诊断仪的特定功能。

车辆系统列表与诊断仪的特定功能之间用一个空行分隔开来，如图 6-38 所示。另外，还有一个空行将诊断仪的特定功能与 LT2 车辆系统分隔开来。

利用选项条可以选择车辆系统或诊断仪的诊断功能。一旦完成车辆系统选择，借助于故障诊断总线的通信（人机交流）即开始进行。这一通信过程由位于信息窗口左边的"通信已经建立（Communication Setup）"字样加以指示。

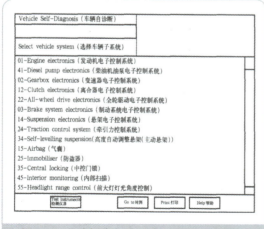

图 6-37　选择车辆自诊断按钮之后的界面

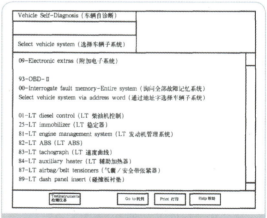

图 6-38　车辆系统列表与诊断仪的特定功能之间用一个空行分隔开来

当通信建立起之后，已经识别出来的控制单元就会持久不变地在信息窗口的右侧显示出来。如果用滚动条将选项列表移动到末端，则会看到更多的附加功能。

① 93-OBD-Ⅱ（美国车系）。OBD-Ⅱ功能可以与支持"SAE J1979：1991-12E/E 故障诊断测试模式"的车系实现诊断通信并响应地址字 33H。

② 00-查询故障记忆-车辆系统。所有有关车辆的故障记忆全部进入"车辆系统选择界面"，故障内容及存储的故障数量可以在下一级界面中显示出来。

③ 通过地址字选择车辆系统。如果想要查找的车辆系统不在选择列表中，则可以通过在屏幕上出现的键盘上输入相关的地址字的方法查找车辆系统。确认键入的地址字后，与确定的车辆系统之间的通信就建立起来了。

④ LT2 车辆系统。LT2（2 系列轻型汽车）车辆系统也可供选择。LT2 车辆系统中只有 LT 功能（或美国版本的测试仪的 OBD-Ⅱ功能）才可以使用。

3. 选择故障诊断功能

如果在前面的界面中选择了一个车辆系统，则在借助于诊断总线的通信成功建立起来后，诊断仪的屏幕上将显示如图 6-39 所示的界面。在界面的左边显示与车辆系统对应的诊断功能（任务）列表，而在界面的右上部则显示从车辆系统中读取的控制单元识别数据。如果一个车辆系统是由几个控制单元构成的，则这几个控制单元的识别数据会在不同的界面分别显示。

其他功能，例如 20-Read RAM（读取随机存储器的内容），只有具有密码 CD、得到授权的人才能使用这项功能。

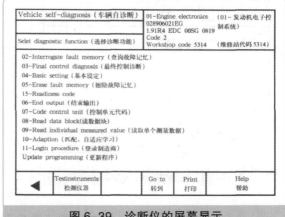

图 6-39　诊断仪的屏幕显示

① 无效的诊断功能。如果选择了一个车辆系统中无效的诊断功能，则诊断仪会在信息窗口左侧显示下述信息作为回应：Function not recognized or not currently executable（该功能无法识别或当前无法执行）。

诊断总线故障。如果诊断仪没有弹出上述界面，而是出现一个指示诊断总线故障的信号，则可能是故障诊断电缆出了问题，或者是发动机已经熄火，也有可能是蓄电池电压太低。待排除故障之后再进行上述操作。

结束通信。与车辆系统的通信会持续进行，直到操作者在选择故障诊断功能界面中按下了"结束输出（End output）"按钮或是按下了"返回（Back）"按钮，通信才告终止。

② 查询故障记忆功能。当在如图 6-40 所示的选择故障诊断功能界面中选择"02-查询故障记忆（02-Interogate）"功能时，故障的个数及故障记忆的内容即被读取出来。故障的个数会在屏幕上以非常简洁的文字显示出来。

检测到的故障个数在左边的信息窗口显示出来。所有保存下来的故障信息则在工作窗口显示出来。这些信息由五位数的故障码和相关的文字说明组成。如果该故障是偶然发生的，则会在另外一行文字中加以说明。如果同时发生的故障很多，屏幕无法全部显示，则会在检测仪屏幕的右侧出现滚动条，可以利用滚动条上下移动文字内容，以读取全部信息。

对于 KW2000 车系，还可以单击"继续（Continue）"按钮，进一步查看发生故障时的外部条件。

③最终控制诊断功能。当在如图 6-41 所示选择故障诊断功能界面中选择"最终控制（执行器）诊断（Final Control Diagnosis）"功能时，诊断仪激活最终控制元件，在信息窗口的左下侧会显示"第一个最终控制测试正在进行（1st Final Control being Test）"的字样。

在有些情况下，测试过程可以通过视觉（例如指示灯）或听觉（例如继电器的动作声）加以观察。例如，从车辆自诊断切换到检测仪器后，可以借助于万用表或示波器检测被激活的最终控制元件（即执行器）及其测试结果。可以通过选择"继续（Continue）"按钮激活下一个最终控制元件。单击"返回（Back）"按钮可以取消最终控制诊断功能。

在某些情况下，在进行最终控制诊断时，会对车辆或最终控制元件有一些特殊的要求。有关这方面的进一步的信息可以在维修手册中查到。

图 6-40　查询故障记忆功能界面

图 6-41　故障诊断功能界面

④消除故障记忆功能。"05-Erase fault memory"的作用是清除所选车系的故障记忆。当激活该功能时，诊断仪会弹出一个包含下列信息的对话框：Execute function？ Note：Data will be deleted!（执行该功能吗？注意：数据将被删除！）如果是由于失误而激活了该功能，则可按"取消"按钮。此时，若按下"OK"按钮，则数据会无法挽回地被删除。删除工作完成之后，会在左边的信息窗口出现确认信息：Fault memory erased（故障记忆已经被清除）。

注意

只有在事先已经在查询故障记忆功能中读取故障信息之后，方可清除故障记忆。这样可以防止丢失重要的故障信息。

清除故障记忆功能自动地出现在查询故障记忆功能的后边，这意味着车辆的故障未被排除，导致故障码再一次被检测到并被存储在检测仪中，故障记忆的内容也会再一次由检测仪显示出来。左边的信息窗口显示：Fault memory erased, 1 fault detected（故障记忆已经被清除，又检测到一个故障）。详细的故障信息会在工作窗口显示出来。

结束输出。在选择自诊断功能界面中选择"06- 结束输出（06-End output）"或者选择"返回（Back）"按钮，均可退出已选车系的车辆自诊断功能。

程序会返回到选择车辆系统界面。在该界面中，可以在菜单中选择"退出"按钮终止车辆自诊断操作模式，并返回系统的开始界面。

⑤读取数据块功能。当在如图 6-42 所示的选择故障诊断功能界面中选择"08- 读取数据块功能（08-Read data block）"时，可以读取并循环显示来自车辆系统的数据块。键入希望的显示组号码（显示组号码可以在维修手册中查到）即可得到相关的检测数据。

可以显示的故障组号码从 1 到 4，包括故障内容的含义及其物理单位（对 KW2000 而言）。也就是说，如果程序可执行，则检测仪可以显示区域 1 到区域 4 的内容。显示组别的号码可以通过触摸向上或向下的箭头加以改变。

在图 6-42 所示的界面中，当选择"基本设置（Basic setting）"按钮时，属于 1 到 4 检测数据的基本设置数据就会显示出来。

⑥修改功能。当需要检查维修手册中所描述的车辆系统的特性时，可以在"10- 自适应（10-Adaption）"功能中读取、测试并保存修改数据，界面如图 6-43 所示。

图 6-42　读取数据模块

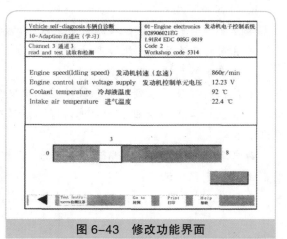

图 6-43　修改功能界面

对于特别关键的修改数据，必须通过登录程序（Login Procedure）给控制单元送去一个 ID（身份识别）号码之后，修改的数据才被认可。可以通过诊断仪屏幕上的数字键盘完成上述操作。

在诊断仪屏幕上的数字键盘上输入通道号，诊断仪读取并显示当前的修改数据值。诊断仪是否在工作窗口显示测试数据取决于车辆系统以及所选择的通道号。

可以使用虚拟键盘选择"键盘（Keyboard）"按钮或滑动控制条来改变修改数据。如果将滑动控制条一直拖到右侧，则预设数据将变成原来的 2 倍。例如，预设数据将从 8 变到 16。

找到正确的修改数据后用"保存（Save）"按钮加以保存。诊断仪的前边显示旧数据和新的修改数据，新的修改数据只有在按下"接受（Accept）"按钮后，才会真正保存到车辆系统中。

清除已经记住的数据选择通道号 0，可以清除所有已经记住并保存在车辆系统中的数据。检测仪会以左边信息窗口中的询问做出反应：Channel 0。Erase learnt values？（通道号 0。清除已经记住的数据吗？）。选择"继续（Continue）"按钮就可以清除所有已经记住并保存的数据。

如果选择"返回（Back）"按钮，则取消该操作并返回选择故障诊断功能界面。当数据清除完毕之后，检测仪会在左边的信息窗口中加以确认。

⑦程序更新/升级功能。使用程序更新/升级（Update Programming）功能可以对 V.A.S5051 的车辆系统程序进行更新/升级。

● 选择故障诊断功能。该故障诊断功能选项只有在车辆系统程序更新/升级功能可执行的状态下，且诊断仪中确有更高版本的程序时才会出现。当车辆系统已经成功地完成程序更新/升级后，该故障诊断功能选项就不会出现了。

可以通过选择程序更新/升级选项来开始该故障诊断功能。如果车辆系统中的一些必要的条件无法满足，则会弹出一个警告界面。应该首先建立警告界面中所提示的条件，然后再重新开始进行程序更新/升级。

程序更新/升级的过程通过几个不同的界面以对话指导的形式进行：

a. 在提示信息之后会出现显示新程序版本号码的文字内容。

b. 新程序下载到车辆系统中。这项操作会用时几分钟，新程序的下载进程会持续地在下载进程条上显示出来。下载过程结束后，程序记录信息会出现在屏幕上。

c. 将点火开关关闭，然后再打开点火开关。

d. 所有车辆系统记忆均被清除。

如果在新程序下载到车辆系统的过程中发生故障，则车辆系统不再接受程序更新/升级。故障内容在屏幕上显示出来，故障诊断功能选项只显示程序更新/升级功能。应重新进行程序更新/升级。

● 自诊断工作记录。在进行程序更新/升级的过程中，可以在自诊断工作记录中复制结果。特别的一点是程序记录信息显示在程序更新/升级之前和之后的车辆版本信息和程序状态中。

● 帮助。在故障诊断功能中选择"帮助（Help）"选项时可以获得更多帮助信息。

4. OBD-Ⅱ（美国车系）

当在选择车辆系统界面中选择 OBD-Ⅱ之后，就会出现如图 6-44 所示的界面。可以在 OBD-Ⅱ操作模式 1 到 OBD-Ⅱ操作模式 7 之间做出选择。

在 OBD-Ⅱ界面中，右边的信息窗口中会立即显示所有支持 OBD-Ⅱ标准的车辆系统。与车辆系统相关的名称、作用、结果等会通过不同的字符颜色加以区别。

①诊断模式 1- 获取数据。可以通过该诊断模式获得模拟量输入/输出数据和数字量输入/输出数据等反映系统状态的信息。

②诊断模式 2- 获取操作条件。在车辆子系统发生故障的过程中，除了故障记录之外，车辆系统的当前状态也被保存下来。维修人员可以读取这些状态信息并做出关于进一步的维修步骤的判断。

③诊断模式 3- 查询故障记忆。可以读取并显示已经保存的所有车辆系统的故障码。

④诊断模式 4- 重新设置/清除诊断数据。可以清除或者删掉车辆系统内部的相关信息。

⑤诊断模式 5- 获取氧传感器测试结果。用于显示车辆的氧传感器监测数据。

⑥诊断模式 6- 获取非连续监测状态下的检测结果。可以显示非连续监测部分的测试结果。

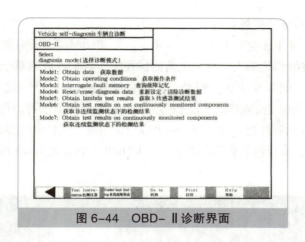

图 6-44　OBD-Ⅱ诊断界面

⑦诊断模式 7- 获取连续监测状态下的检测结果。可以显示连续监测部分的测试结果。

在图 6-45（a）所示的界面实例中，所选择的是诊断模式 1，即获取数据。在该界面中，可以选择希望获取的车辆系统数据。

图 6-45（b）所示的界面为选择测试的车辆系统数据结果。

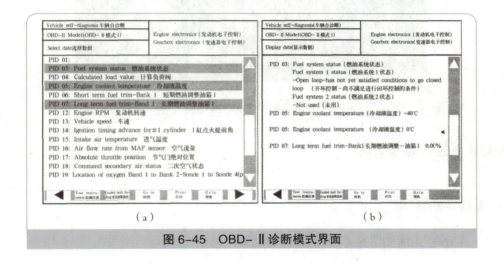

（a）　　　　　　　　　　　　　　　　（b）

图 6-45　OBD-Ⅱ诊断模式界面

三、KT600 汽车诊断仪的使用说明

1. 仪器操作注意事项

（1）仪器为精密电子仪器，切勿摔碰。

（2）发动机点火瞬间显示屏可能闪烁，属于正常现象。

（3）若显示屏闪烁后，程序中断或花屏，请关掉电源，重新开机测试。

（4）保证仪器和诊断座连接良好，以免信号中断影响测试。如发现不能正常连接，请拔下接头重插一次，不要在使用过程中剧烈摇动接头。

（5）使用过程中尽量将仪器放置于水平位置，屏幕水平朝上。

（6）使用连接线和接头时请尽量使用螺丝紧固，避免移动中断开和损坏接口。拔接头时请握住接头前端,切忌拉扯后端连接线。

（7）尽量轻拿轻放,置于安全的地方,避免撞击,不使用时应断开电源。

（8）使用完后注意将触摸笔插入主机右上角的插孔中,将配件放回箱子以免丢失。

KT600解码器,可以实时采集点火、喷油、电控系统传感器的波形,通过对传感器波形的分析可以准确地诊断传感器是否有故障,通过对点火波形的分析不仅可以诊断点火系统的火花塞、高压线、点火线圈等各元器件是否有故障,还可以分析出进气系统和燃油系统的可能故障点,为汽车的运行技术状况和故障诊断提供科学的依据。KT600实物如图6-46所示。

图6-46　KT600实物图

2.KT600主机功能识别

1）面板功能解读

（1）KT600正面如图6-47所示,功能说明如表6-3所示。

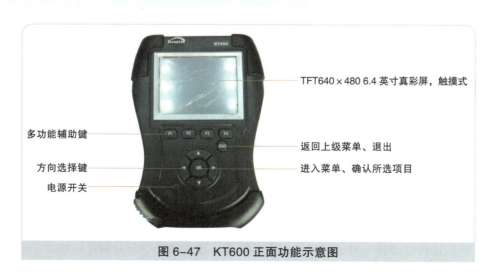

图6-47　KT600正面功能示意图

表 6-3　KT600 正面功能说明

项　目	说　明
触摸屏	TFT640×480 6.4 英寸真彩屏，触摸式
ESC	返回上级菜单、退出
OK	进入菜单、确认所选项目
⏻	电源开关
[▲][▼][▶][◀]	方向选择键
F4　F1　F2　F3	多功能辅助键

（2）KT600 背面如图 6-48 所示，功能说明如表 6-4 所示。

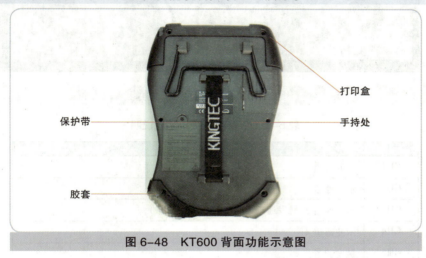

图 6-48　KT600 背面功能示意图

表 6-4　KT600 背面功能说明

项　目	说　明
打印盒	内装热敏打印机和 2 000mAh 锂电池
打印机卡扣	按下打印机卡扣，滑出打印机盒盖板，安装打印纸
手持处	凹陷设计更人性化，有利于手持使用
胶套	保护仪器，防止磨损
保护带	防止手持时仪器滑落
触摸笔槽	用于插装触摸笔

（3）上接口功能如图 6-49 所示，功能说明如表 6-5 所示。

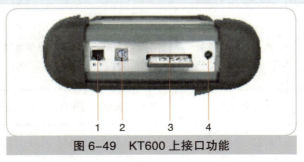

图 6-49　KT600 上接口功能

表 6-5　上接口功能说明

项目	说明
网口	直插网线可实现在线升级
PS/2	可外接键盘和鼠标，也可通过转接线转成串口和 USB 口
CF 卡	CF 卡插口
Power	接这个端口给主机供电

（4）下接口如图 6-50 所示，功能说明如表 6-6 所示。

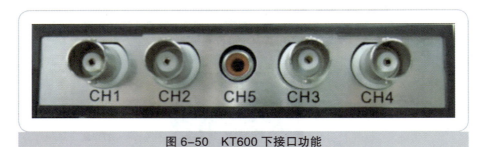

图 6-50　KT600 下接口功能

表 6-6　KT600 下接口功能说明

项目	说明
CH1	示波通道 1
CH2	示波通道 2
CH3	示波通道 3/ 触发通道（在三通道示波卡中）
CH4	示波通道 4
CH5	触发通道

2）KT600 随机附件解读

KT600 汽车专用解码器的随机附件包括测试连接线、电源线、自诊断接头等，KT600 的随机附件则包括了 K60 和 KT600 的所有附件，如表 6-7 所示。

表 6-7　KT600 随机附件

图片	名称	功能
	电源延长线	给主机提供电源，可以连接汽车点烟器接头或者汽车鳄鱼夹
	汽车点烟器接头	连接电源延长线和汽车点烟器给主机供电
	汽车鳄鱼夹	连接电源延长线和汽车电瓶给主机供电

续表

图 片	名 称	功 能
	串行通行线	连接主机 RS-232 串口和 PC 机的串口,实现联机或软件升级
	测试探针	连接到通道 1、2、4、5 输入,带接地线,可以 ×1 或者 ×10 衰减
	示波延长线	可以连接 CH1、CH2、CH4、CH5 通道,主要功能是延长输入信号线
	感性感应夹	连接 CH3(CH5)通道,可以检测发动机转速,并认为被夹高压线为第一缸高压线
	容性感应夹	可以连接 CH1、CH2 通道,感应次级点火信号
	示波连接线	可以对接地线或者信号线进行延长,方便连接

3. 基本功能与操作

1)主菜单概述

在主界面上选择示波器分析仪,确认进入如图 6-51 所示菜单。

图 6-51 波形分析界面

在 KT600 的菜单里按上下方向键选择需要检测项目，按"ENTER"键可以进入下一级菜单，选择需要的测试项目，按"EXIT"键可以返回上级菜单。

2）通用型示波器的调整方法

一般情况下，汽车专用示波器的波形显示不需要调整，当要做超出汽车专用示波器标准菜单以外的测试内容时，可以选择通用示波器功能，这时就需要掌握一定的调整方法。在汽车专用示波器测试过程中如果有相似菜单，那么调整方法也相同。

选择通用示波器，按"ENTER"键确认，如图6-52所示。在屏幕上有十个选项：通道、周期、电平、幅值、位置、停止、存储、载入、光标、触发、打印、退出，还有三个功能选项：通道设置、自动设置、配置取存，按左右方向键可以对选择项目进行调整。

（1）通道调整。

按功能键可以选择通道1（CH1）、通道2（CH2）、通道3（CH3）、通道4（CH4）任意组合方式，如图6-53所示。

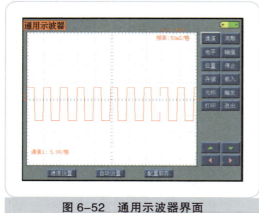

图 6-52　通用示波器界面

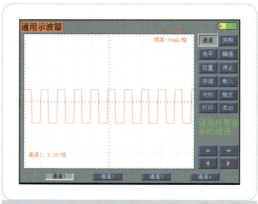

图 6-53　通道调整

（2）周期调整。

选择周期调整，按上下键可以改变每单格时间的长短，如果开机时设定的是10ms/格，按向下键则会变为5ms/格，波形就会变稀，按向上键则会变为20ms/格，波形会变密。

（3）电平调整。

对纵轴的触发电平进行调整。对于同一波形，如果选择不同的触发电平，那么波形在显示屏上的位置就会跟着变化，如果触发电平的数值超出了波形的最大最小范围，那么波形将产生游动，在屏幕上不能稳定住。

4. 传感器的检测

1）歧管绝对压力传感器（MAP）的检测

歧管绝对压力传感器提供发动机负荷信号给发动机控制单元（ECU），一般为频率调制的方波信号或电压电平信号（取决于制造商），经过ECU处理后，用以改变燃油的混合比及其他的输出值。

当发动机负荷增加时，歧管压力增大，反之歧管压力低，已损坏的 MAP 传感器在发动机加速及减速时会影响空燃比，同时也对点火正时及其他的电脑输出值产生一定影响。

（1）设备的连接。

连接 KT600 和电源延长线，根据被测试车型的电瓶位置选择电瓶供电或者点烟器供电，将测试探头接入通道 1（CH1 端口），然后将测试探头上的小鳄鱼夹接蓄电池负极或搭铁，用测试探针刺入歧管绝对压力传感器（MAP）传感器触发信号线，连接如图 6-54 所示。

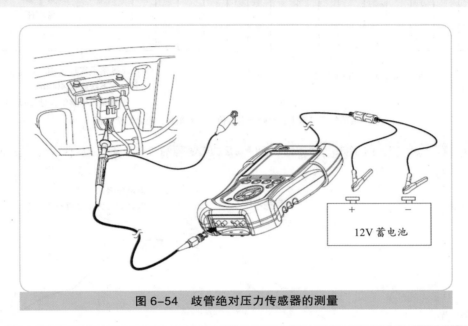

图 6-54　歧管绝对压力传感器的测量

（2）检测条件。

打开汽车点火开关，不起动发动机，使用手动真空泵模拟真空，将其接至歧管绝对压力传感器的真空输入端。

发动机运转，检测由怠速渐渐加速的信号。

（3）检测步骤。

①按照图 6-54 连接好设备，打开 KT600 电源开关。

②在仪器主菜单下按上下方向键选择示波器，按"ENTER"键确认。

③在汽车专用示波器菜单下选择传感器，按"ENTER"键进入汽车传感器选择菜单。

④选择歧管绝对压力传感器（MAP），按"ENTER"键确认，根据测试条件，屏幕将会显示波形。

⑤必要时可以选择周期、幅值、电平等参数，然后按方向键改变波形，也可以选择停止键，按停止键冻结波形后，选择存储，保存波形进 CF 卡，供以后修车参考。

（4）波形分析。

除了福特汽车的歧管绝对压力传感器是输出的数字信号以外，其他输出的一般都是模拟量。模拟量的歧管压力传感器在真空度高时产生对地电压信号接近 0V，真空度低时（接近大气压力）产生的对地电压信号高，接近 5V，不同厂家指标可能不同，请参考维修手册。

许多福特和林肯汽车上安装的是数字式歧管绝对压力传感器，数字量的输出波形应该是幅值满 5V 的脉冲，同时形状正确、波形稳定、矩形方角正确、上升垂直。频率与对应真空度应符合维修资料给定的值。

一般数字式、模拟式歧管绝对压力传感器的波形参考图如图6-55、图6-56所示。

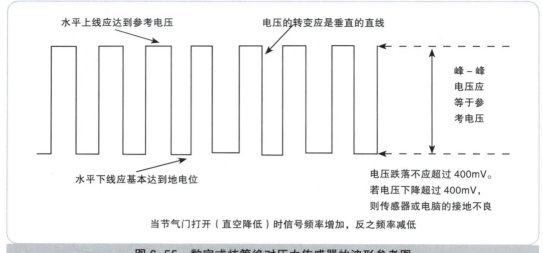

图6-55 数字式歧管绝对压力传感器的波形参考图

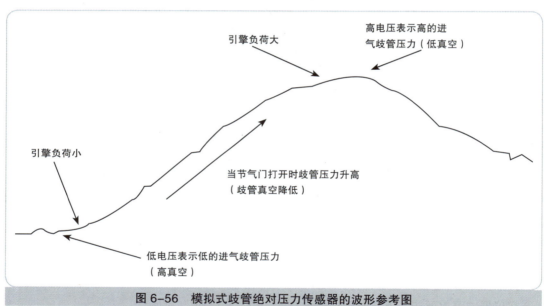

图6-56 模拟式歧管绝对压力传感器的波形参考图

2)氧传感器(锆和钛型)和双路氧传感器的检测

(1)氧传感器(锆和钛型)的检测。

氧传感器提供一个表示排气中含氧量的输出电压,该电压经由ECU处理后,可调整对发动机的供油量,改变空燃比。氧化锆型传感器如同一个电池,可提供高输出电压(由浓混合气造成)及低输出电压(由稀混合气造成);氧化钛型传感器在排气中的氧含量改变时可改变电阻,由此可造成低输出电压(由浓混合气造成)及高输出电压(由稀混合气造成)的产生。

①设备的连接。

连接KT600和电源延长线,根据被测试车型的电瓶位置选择电瓶供电或者点烟器供电,以电瓶供电为例，如果选择点烟器接头，请先确认点烟器是否有12V电瓶电压。将测试探头接入通道1（CH1端口），然后将测试探头上的小鳄鱼夹接蓄电池负极或搭铁，用测试探针刺入氧传感器触发信号线，连接方法如图6-57所示。

②检测条件。

a. 起动发动机使氧传感器加热至315℃以上，且发动机处于闭环状态。

b. 发动机由怠速开始，逐渐增加转速。

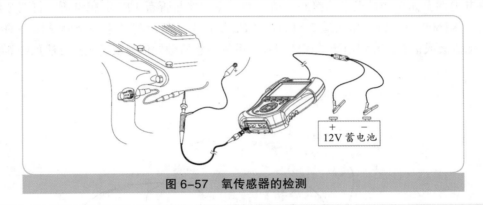

图6-57 氧传感器的检测

③检测步骤。

a. 按照图6-57连接好设备，打开KT600电源开关。

b. 起动发动机使氧传感器加热至315℃以上，且发动机处于闭环状态。

c. 在仪器主菜单下按上下方向键选择示波分析仪，按"ENTER"键确认。

d. 在汽车专用示波器菜单下选择传感器，按"ENTER"键进入汽车传感器选择菜单。

e. 选择氧传感器——氧化锆型和氧化钛型，按"ENTER"键确认，屏幕将会显示波形。

f. 必要时可以选择周期、幅值、电平等参数，然后按上下方向键改变波形，也可以选择停止，冻结波形后，选择存储，保存波形供修车参考。

④波形分析。

现在一般电控汽车上的氧传感器都是二氧化锆型的，其输出信号的电压范围为0~1V，二氧化钛型氧传感器输出的信号中，有些为5V可变电压信号，测量时需要注意。一般二氧化锆型氧传感器的参考波形如图6-58所示。

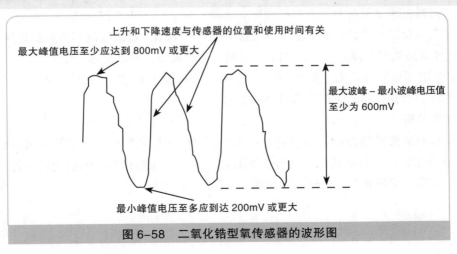

图6-58 二氧化锆型氧传感器的波形图

（2）双路氧传感器的检测。

两个氧传感器分别提供了表示催化净化之前和之后的排气中氧含量的输出电压，前面的传感器信号用作混合控制的反馈信号，尾部的传感器信号用来测试催化净化的效率。通过两个传感器电压幅度的差就可以测量出催化净化转换器转换有害废气的能力。

①设备的连接。

连接KT600和电源延长线，根据被测试车型的电瓶位置选择电瓶供电或者点烟器供电，以电瓶供电为例，如果选择点烟器接头，请先确认点烟器是否有12V电瓶电压。将两个测试探头分别接入KT600的通道1和通道2（CH1、CH2端口），然后将其中一个测试探头的小鳄鱼夹接蓄电池负极或搭铁，分别用测试探针刺入前后氧传感器触发信号线，连接方法如图6-59所示。

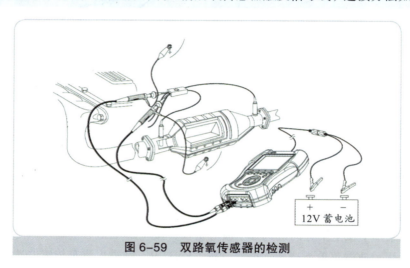

图6-59 双路氧传感器的检测

②检测条件。

a. 起动发动机使氧传感器加热至315℃以上，且发动机处于闭环状态。

b. 发动机由怠速开始，逐渐增加转速。

③检测步骤。

a. 按照图6-59连接好设备，打开KT600电源开关。

b. 起动发动机使氧传感器加热至315℃以上，且发动机处于闭环状态。

d. 在仪器主菜单下按上下方向键选择示波器，按"ENTER"键确认。

e. 在汽车专用示波器菜单下选择传感器，按"ENTER"键进入汽车传感器选择菜单。

f. 选择双路氧传感器，按"ENTER"键确认，屏幕将会显示波形。

g. 必要时可以选择周期、幅值、电平等参数，然后按上下方向键改变波形，也可以选择停止，冻结波形后，选择存储，保存波形供修车参考。

④波形分析。

测试双路氧传感器波形是通过前、后氧传感器的波形来判断三元催化装置的转换有害废气的能力是否丧失，一般来说两个波形幅值的差越大，三元催化装置的功能越完好，如果幅值基本相同，说明三元催化装置已经丧失功能，如图6-60所示。

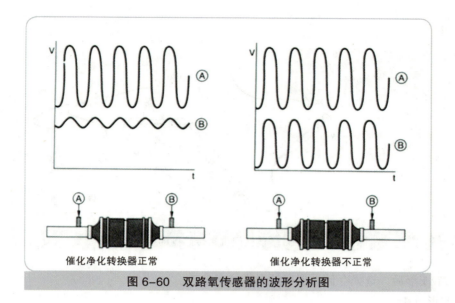

图 6-60 双路氧传感器的波形分析图

3）节气门位置传感器的检测

节气门位置传感器是现代汽车电脑板上常见的故障，TPS 通知计算机节气门打开的大小、是否开启或关闭以及开闭的速率，或者发动机所处的工况。当 TPS 的电阻改变时，它送给电脑的电压信号随之改变。

常见的节气门位置传感器有两种：

一种是电位器型传感器，当其转轴变化时会引起电阻的变化（电位器），从而提供一个直流电压，而 TPS 是一个固定在节气门转轴上的可变电阻，它提供的直流电压是 ECU 的一个输入信息。

另一种是开关型传感器，这种传感器的信号输入给 ECU 后，即通知计算机控制怠速（开关闭合、节气门关闭），或是不要控制怠速（因为已踩下油门使开关打开），另外一个开关闭合时则是通知 ECU 节气门的打开位置。此种线性的节气门位置传感器装在节气门转轴上，并且有两个可移动的触点随着同一个转轴转动，其中一个触点是感测节气门开启时的角度，另外一个触点则是感测节气门关闭时的角度，测试传感器时要确定接线正确。

（1）设备的连接。

连接 KT600 和电源延长线，根据被测试车型的电瓶位置选择电瓶供电或者点烟器供电，以电瓶供电为例，如果选择点烟器接头，请先确认点烟器是否有 12V 电瓶电压。将测试探头接入通道 1（CH1 端口），然后将测试探头上的夹钳夹在接蓄电池负极或搭铁上，用测试探头刺入节气门位置传感器信号线，连接方法如图 6-61 所示。

（2）检测条件。

打开点火开关，发动机不起动，将节气门转到全开位置，然后转到全关位置，或是相反。

（3）检测步骤。

① 按照图 6-61 连接好设备，打开 KT600 电源开关。

② 在仪器主菜单下按上下方向键选择示波器，按"ENTER"键确认。

③ 在汽车专用示波器菜单下选择传感器，按"ENTER"键进入汽车传感器选择菜单。

④ 选择节气门位置传感器，按"ENTER"键确认，根据测试条件，屏幕将会显示波形。

⑤ 必要时可以通过选择周期、幅值、电平等参数，然后按上下方向键改变波形，也可以选

课题六 汽车维护与修理常用检测工具

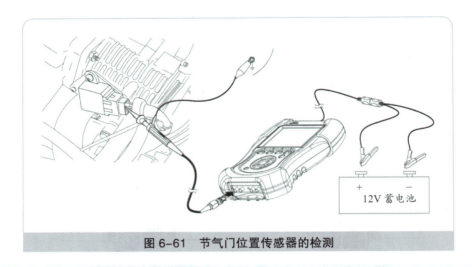

图 6-61 节气门位置传感器的检测

择停止，冻结波形后，选择存储，保存波形供修车参考。

（4）波形分析。

电位器型的节气门位置传感器通常是一个可变电位计，查阅制造商维修手册，可以得到精确的节气门位置传感器的电压范围，波形上不应该有任何断点、对地尖峰或大的波折。开关型的节气门位置传感器的常闭触点构成怠速开关，当节气门处于怠速位置时，常闭触点位于关闭状态；常开触点表示节气门开度达到全负荷，如图 6-62 所示。

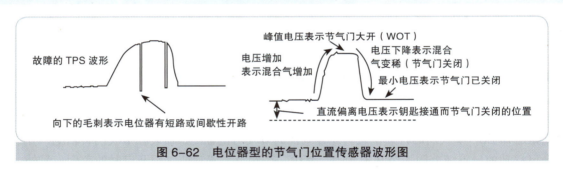

图 6-62 电位器型的节气门位置传感器波形图

4）曲轴凸轮轴位置传感器的检测

电磁感应式传感器可以对电磁感应式、霍尔效应式和光电式传感器进行波形测试。电磁感应式传感器（可变磁阻传感器）不需外部电源，它有两条屏蔽线连接在静磁线圈上，当触发轮通过线圈和静磁铁的磁场时就会有小电压信号产生，触发轮是由低磁阻的钢制造的。曲轴位置传感器（CPS）、ABS 车轮传感器和汽车速度传感器都是可变磁阻的例子。输出的电压和频率随车速变化而改变。

霍尔效应传感器，有一个电流通过一个半导体，该半导体被置于离一个可变磁场很近的地方。磁场的变化可以通过曲轴的旋转或分电器轴的旋转而产生，霍尔效应传感器用在曲轴位置传感器和分电器中，其输出电压的幅度是不变的，其频率随转速变化而改变。

光电式传感器，用一个旋转轮盘将 LED 光源和光拾取器分开，盘上的小孔可以使拾取器收到光源发出的光，轮盘旋转后，每当遇到小孔，拾取器收到一次光就发出一个脉冲。电压变化的结果可以作为其他系统的参考信号，输出电压的幅度是不变的，而频率随转速变化而变化。

凸轮轴传感器通常被安装在点火分电器中，传感器给线圈模块发送电脉冲，从而给出了凸轮轴和阀门位置的数据。

（1）设备的连接。

连接 KT600 和电源延长线，根据被测试车型的电瓶位置选择电瓶供电或者点烟器供电，以电瓶供电为例，如果选择点烟器接头，请先确认点烟器是否有 12V 电瓶电压。将测试探头接入通道 1（CH1 端口），然后将测试探头上的小鳄鱼夹接蓄电池负极或搭铁，用测试探针刺入曲轴位置传感器信号线，连接方法如图 6-63 所示。

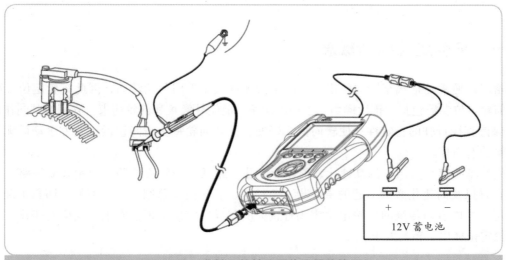

图 6-63　曲轴凸轮轴位置传感器的检测

（2）检测条件。

①查看传感器是否有信号输出，若无信号输出，则可能是传感器损坏或者接线不良。

②如果是诊断无法起动故障，则按仪器的接线提示连接，然后起动发动机。

③如果发动机可以起动，则按仪器的接线提示连接，起动发动机，在怠速和较高转速下进行测试。

（3）检测步骤。

①按照图 6-63 所示，打开 KT600 电源开关。

②在仪器主菜单下按上下方向键选择示波器，按"ENTER"键确认。

③在汽车专用示波器菜单下选择传感器，按"ENTER"键进入汽车传感器选择菜单。

④选择曲轴凸轮轴位置传感器，按"ENTER"键确认，根据测试条件，屏幕将会显示波形。

⑤必要时可以选择周期、幅值、电平等参数，然后按上下方向键改变波形，也可以选择停止，冻结波形后，选择存储，保存波形供以后修车参考。

任务三 四轮定位仪的使用说明

一、车轮定位的新概念

车轮定位通常是指汽车转向轮定位。由于大多数汽车采用前轮转向，因此车轮定位又称前轮定位。前轮定位参数包括主销后倾角、主销内倾角、前轮外倾角和前轮前束。它们的共同作用是：使汽车保持直线行驶的稳定性；使转向操纵轻便；使转向轮每一瞬间接近正前方滚动而无滑动，以减轻轮胎磨损等。

现代汽车尤其是乘用车的高速化、前轮驱动化、超低压子午线轮胎的使用和双回路制动管路的对角布置以及高速化必然引起的急起步、急加速、急转向和急制动（所谓的"四急工况"），使车轮定位的内容与传统的前轮定位相比有较大的差异，定位机理也发生了相应的变化，这就对汽车车轮定位提出了新的要求。

1. 主销后倾角减小

由于主销具有后倾角，所以主销轴线与路面的交点（转点）位于转向轮与路面的交点（力点）之前。汽车直线行驶中当转向轮偶遇外力作用而偏转做曲线运动时，由于汽车本身离心力的作用，路面对转向轮将产生一个绕主销轴线作用的回正力矩，使转向轮回复到原来的中间位置，从而保持了汽车直线行驶的稳定性。显然，主销后倾角越大，回正力矩也越大，汽车直线行驶的稳定效应就越强。但是，回正力矩过大将引起转向轮回正过猛，加剧转向轮摆振，并使转向沉重。

汽车高速化后，汽车做曲线运动时的离心力增大，为使回正力矩不至于过大，主销后倾角就应减小。此外，乘用车采用超低压子午线轮胎的侧偏特性也增强了汽车直线行驶的稳定效应。上述因素，加上前轮驱动化的综合作用的结果，要求减小主销后倾角，甚至使其为负值。

2. 主销内倾角加大

通常主销内倾角不大于8°。当转向轮在外力作用下由中间位置发生偏转时，一旦外力消失，由于主销内倾，转向轮便在汽车势能的作用下回复到原行驶的位置。同时，主销内倾还减小了转向阻力矩，使转向操纵轻便，并减轻了从转向轮传到转向盘的冲击。

现代汽车由于"四急工况"的要求，需要增大主销内倾角，即减小"力点"至"转点"间的距离，甚至使"转点"移到"力点"的外侧。这样，若对角布置的双管路制动系统中的一条管路失效，由于"转点"在"力点"的外侧，制动力就形成一个与汽车跑偏方向相反的抗偏力矩，从而抵消或减轻了汽车在紧急制动时的跑偏现象，提高了高速行驶汽车的安全性。

3. 前轮外倾角减小

通常前轮外倾角为1°左右。前轮外倾角的作用是使前轮重负荷时接近垂直路面滚动而无滑动，同时也减小转向阻力，使转向操纵轻便，并提高前轮工作的安全性。

汽车高速化后，高车速转向时离心力增大使外侧悬架和轮胎超负荷，加剧了外侧轮胎的变形，使内外侧车轮在滚动的同时必然发生滑动，加速轮胎的不均匀磨损，增加行驶阻力，还会降低转向性能。因此，高速化汽车的急转向工况要求前轮外倾角减小，甚至为负值。

4. 前轮前束减小

前轮前束与前轮外倾协调作用才能保证前轮在汽车行驶中滚动而无滑动。既然前轮外倾角小了，甚至为负值，前轮前束就应相应地减小，甚至为负值。

5. 后轮也要定位

汽车高速化后，其后轮也必须有一定的外倾角和前束，以使前后轮行驶轨迹重合性好，减小车轮的横向滑移，减小轮胎偏磨，提高行驶稳定性。

高速化汽车的前后轮都有定位要求，即通常所说的四轮定位。汽车使用过程中，转向机构和车桥的配合副磨损，零件变形、松动，以及车身的变形，都将引起原已确定的车轮定位角的变化，使其超差。因此，高速汽车使用过程中必须定期检测、调整车轮定位角，以保障行车安全。

二、四轮定位的机理

四轮定位中的前、后轮定位参数依赖于悬架机构有关部件的相互位置在一个统一基准（线或面）上的合理匹配，以实现转向和行驶系统的稳定效应，使汽车具有良好的行驶平顺性和操纵稳定性。只有当前、后轮定位参数均按标准调整得当时，才能保证汽车转向精确、运行平稳、行驶安全、降低油耗并减轻轮胎磨损。

1. 车轮定位的基准

车轮定位的基准主要有以下3种：
①车轮中心平面——垂直于车轮旋转轴线的轮胎中心平面。
②汽车纵向中心线。汽车的纵向中心轴线，通过汽车前后轴的中点，平行于行驶轨道。
③推进角和推进线。两后轮的前束不等、后桥移位或变形等因素导致后轴的前进方向与汽车的纵向中心线形成了夹角，该夹角称为推进角；表示汽车前进方向的直线称为推进线，也是后轮总前束的角平分线。

2. 车轮定位的种类

（1）以汽车纵向中心定位。这是以汽车的纵向中心线（或面）为基准，来检查和调整前、后轮前束角的。如果后轮的位置准确，其推进线重合于汽车的纵向中心线，只要将4个车轮的前束调到标准值就会产生理想的定位效果；如果后轮的位置不准确，推进线与汽车的纵向中心线不重合，那么即便各个车轮的前束值正确，也会存在异常情况。

（2）以推进线定位。它也称为补偿定位。这是以不与汽车的几何中心线重合的后轮推进线为基准来调整前轮前束，完成整车的车轮定位的。这对于后轮前束不可调整的车辆来说，是必须采用的方法。

（3）完全四轮定位。当推进线与汽车几何中心线不重合时，首先以后者为基准，进行后轮位置的调整，使推进线重合于汽车几何中心线；然后再以重合了的推进线和汽车几何中心线为基准调整前轮前束。

三、四轮定位的检测指标

四轮定位的检测项目包括转向轮前束值（角）及前张角、转向轮外倾角、主销后倾角、主销内倾角及后轮前束值/角及前张角、后轮外倾角和轮距、轴距、推进角和左右轴距差等。不同车型的四轮定位值不同。汽车的四轮定位合格与否，需要把检测结果与标准值进行比较才能确定。

四、四轮定位的检测原理

1. 前束和左右轮轴距差的检测原理

测量前束时，必须保证车体摆正且转向盘位于直行位置。为了提高车轮前束的测量精度，在检测车轮前束之前，常通过拉线或光线照射或反射的方式形成一封闭的直角四边形（图6-64）。将待检车辆置于此四边形中，通过安装在车轮上的光学镜面或传感器，不仅可以检测前轮前束、后轮前束，还可以检测出同一车轴上的左右车轮的同轴度及推进角。四轮定位仪采用的传感器不同，测量方法也就不同，这里仅就光敏晶体管式传感器来说明一下车轮前束的测量原理。

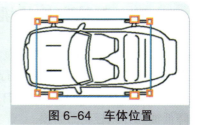

图6-64 车体位置

安装在两前轮和两后轮上的光敏晶体管式传感器均有光线的接收和发射（或反射）功能。通过它们之间的发射和接收刚好能形成四边形。在传感器的受光面上等距离地将光敏晶体管排成一排，在不同位置光敏晶体管接收到光线照射时，该光敏管产生的电信号就代表了前束角或推进角的大小。下面进行具体说明：

当前束为零时，在同一轴左右轮上的传感器发射（或反射）出的光束应重合。当检测出上述两条光束相平行但不重合时，说明此时左右两车轮不同轴（即车轴发生了错位），可以依据此时光敏晶体管输出的偏离量的信息，测量出左右轮的轴距差。

当左右轮存在前束时，在左轮传感器上接收到的光束位置会相对于原来的零点位置有一偏差值（注意正负号），这一偏差值即表示右侧车轮的前束值（或前束角）；同理，在右轮传感器上接收到的光束位置相对于原来零点位置也有一偏差值（注意正负号），这一偏差值则表示左侧车轮前束值（或前束角）。

依据上述的检测原理,同时可以检测出位于该四边形内的待检车辆前后轴的平行度(推进角的大小和方向);同理,通过安装在后轮上的传感器,可以检测出后轮前束值(后轮前束角)的大小和方向。

2. 推进角的检测原理

车辆长期使用或发生交通事故后,其后轴发生变形,这致使后轴中心对称线(即推进线)发生偏斜,后轴中心线与汽车纵向中心线的夹角即为推进角。推进角并非设计参数,而是一种故障状态参数。推进角过大会导致轮胎的异常磨损,汽车易偏离其直线行驶方向。严重时将发生后轮侧滑、甩尾等危险。推进角的检测原理如图6-65所示。

当推进角为零时,前后轴同侧车轮上的传感器发射或接收的光束应重合。当两条光束出现夹角而不重合时,即说明推进角不为零。因此,可以用接收到的后轮传感器所发射光束相对于零点位置的偏差值检测推进角的大小。

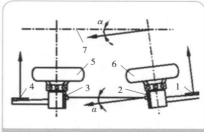

图6-65 推进角的检测原理图

1~4—光线接收器;5—转向轮;6—后轮;7—汽车纵向中心线;α—推进角

3. 转向20°时前张角的测量原理

汽车使用时,由于前轮的碰撞冲击、长期在不平的路面上行驶和经常采用紧急制动,对车辆的冲击作用都可能引起转向梯形的变形。因此会造成汽车在转向行驶过程中前轮异常磨损、操纵性变差,并间接影响汽车的动力性和燃油经济性。

为了检测汽车的转向梯形臂与各连杆是否发生变形,在四轮定位仪中均设置了转向20°时前张角的检测项目。其测量方法为:让被检车辆前轮停在转盘中心处,右轮沿直线行驶方向向右转20°时进行测量;左轮沿直线行驶方向向左转动20°时进行测量(该转向角可直接从转盘上的刻度读出)。具体方法如下:

右前轮向右转20°,读取左前轮下的转盘上的刻度X,则$20°-X$即为所要检测的转向20°时的前张角。

一般汽车在出厂时都已给出$20°-X$的合格范围,将测量值与出厂值进行比较即可检测出车辆的转向梯形臂与各连杆是否发生了变形。如果超出标准值或左右转向前张角不一致,则说明该车的转向梯形臂和各连杆已发生了变形,需要进行校正、调整或更换梯形臂和各连杆。

五、四轮定位仪及使用方法

1. 四轮定位仪的分类

国内市场上四轮定位仪的类别、型号多种多样,同型号四轮定位仪又有不同规格之分。分类方法也多种多样,有的是以传感器类别分的,如电位器式、光学式;有的是以有无计算机分的,如计算机激光式、计算机拉线式(图6-66)等。而根据四轮定位仪所用传感器类别和信号传输的方式，可将当前国内外市场上常见的四轮定位仪概括为三类：拉线式、无线测量有线传输式和全无线式。

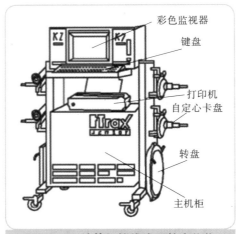

图6-66 计算机拉线式四轮定位仪

（1）拉线式。它的主要特点是采用电位器式传感器，并通过弹性拉线与传感器互相连接，以确定它们之间的相对位置，从而测得水平面内前束等角。拉线式的缺点是操作不方便，风力吹拂或由于机械原因造成的卡滞，都会带来测量误差。

（2）无线测量有线传输式。它与拉线式的主要区别是水平面内各角度的测量方式不同，通常是采用光学非接触式测量，取消了拉线，但主机与传感器之间是通过信号线来传递信息的。

（3）全无线式。它的特点是采用光学非接触式测量，主机与传感器之间采用无线信息传输，传感器由电池供电。它是当前国内外市场上的主流产品。

2. 四轮定位仪的构成

（1）四轮定位仪。四轮定位仪的主要结构是：它由带微处理器的主机柜、彩色监视器、键盘、A4纸打印机、电子测量尺（用于检测轮距）、转盘（标准转盘或电子转盘）、4个自定心卡盘、4个测量头、接线盒、电缆、传感器拉线、转向盘锁定杆和制动杆等组成。其基本原理是：当4个测量头随车轮外倾角变化或车轮转动时，传送出车轮外倾角、主销后倾角和主销内倾角信号，定位仪计算和显示车轮外倾角、主销后倾角和主销内倾角。

（2）检测平台。有地沟式跑板和举升机平台（图6-67）两种形式。四轮定位仪的专用举升机一般有剪式、四柱式和一拖二式。

检测平台的水平精度有安装要求。一般最大允许误差：左右两边为±1mm；前后及对角线为±2mm；另外还要考虑具体车型的要求。

（3）专用工具。有些车型要求使用专用工具，如对奔驰、宝马和奥迪A6等车型进行四轮定位检测和调整时就需要用专用的校正架和球头取出器，主要用于调

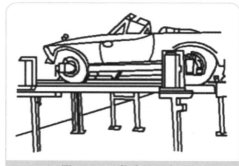

图6-67 举升机平台

整前束角和外倾角。

（4）调整配件。调整配件包括偏心螺栓和垫片等，主要用于调整后轮外倾角、主销后倾角和推进角。其中偏心螺栓在选购时要特别注意，最好有材质单。

3. 四轮定位仪的使用注意事项

使用四轮定位仪时，应懂得如何最大限度地减小测量误差，以充分保证测试精度。四轮定位仪在测试中可能引起误差的地方有以下三个方面，使用中必须注意。

（1）违反操作规程或未妥善保管设备引起的误差。①转角盘保管得不好，使其在转动前轮时有阻力，造成前轮悬架撑紧，会给前轮前束和外倾角的测量带来误差。同样，后滑板也有上述情况。

②违反操作规程安装夹具，会使距离销磨损不均匀，导致前束和外倾角的测量误差，因而必须进行轮辋的偏位补偿。

③传感器上的插销受损（由于带有油污的砂粒作用），会导致夹具上的传感器插套过度磨损，从而引起前束和主销后倾角的测量误差。

④插座受损会引起电路不良接触或断路。这将引起程序运行和测量过程受到破坏。

（2）检测平台引起的误差。现代汽车的底盘测量系统要求有很高的精度，为避免检测平台引起测量误差，必须注意以下几方面。

①检测平台应在车间内安置好，以使汽车能直线驶上检测平台。

②在选取四柱举升机时要考虑，在4点支撑的测量板上，通过2个甚至3个点工作高度的调节使汽车行驶轨道能准确地被校准，这样可得到极好的稳定性。

③放置转角盘和后滑板的支点应只有横向最大1mm和纵向最大2mm的标准误差，否则将对前束、外倾角和主销后倾角的测量产生很大影响。

④为了避免四轮定位仪测量系统上的电流交叉，要安装好接地装置。如果在测量板旁再安装一个插座，则能避免测量板上的行驶轨道与电脑间的电位差。

（3）操作引起的误差。在四轮定位检测过程中，操作人员的一举一动都可能对检测结果产生影响。为避免操作误差，很多汽车底盘测量系统提供了一个帮助文本。如百斯巴特四轮定位仪对每一步测量可以通过"?"键来帮助，以避免操作不当对测量产生影响。尽管如此，操作误差仍然是存在的。下面给出几个减小操作误差的方法。

①要检查和按标准调整轮胎气压，否则会产生外倾角的测量误差。

②在对轮辋偏位进行补偿后放下汽车时，要将转角盘的转盘对准前轮悬架撑开的方向向里推动一点。否则转角盘在汽车转向时会滑向相反方向，这会导致汽车悬架撑紧而带来测量误差。

③在汽车驶上平板后，要上下晃动前后轴，使悬架系统处于自由放松状态。

④转向时不要忘记安装制动器销，否则车轮在转向时会滑脱，导致主销内倾角的测量误差产生。

⑤测量前轮的单轮前束时，转向盘要位于正前直行位置。如果在显示器上显示的单轮前束不对称，表明转向盘在后面的测量中倾斜。

必须指出，在具体操作中除了尽量减小误差外，还要能根据汽车故障现象尽快确定故障范围或直接找出故障原因，并加以排除。

4. 对被检车辆的基本要求

在检测汽车的前轮定位时，被检汽车应满足以下要求：前后轮胎气压及胎面磨损基本一致；前后悬架系统的零部件完好，不松旷；转向系统调整适当，不松旷；前后减振器性能良好，不漏油；汽车前后高度与标准值的差不大于5mm；制动系统正常。

5. 检测前的准备工作

拆下各车轮，并检查轮胎磨损情况；检查轮胎气压，不符合标准时应充气或放气；进行车轮动平衡，然后把车轮装好；检查车身高度（车身4个角的高度）和减振器技术状况，如车身不平应先调平；检查转向系统和悬架是否松旷，如松旷则应先紧固或更换零件。

6. 四轮定位检测具体步骤

（1）将汽车驶到检测平台上，使前轮正好位于转盘中心。

注意：车驶入前用锁紧销将转盘锁紧，防止转动。汽车驶入后，再松开锁紧销。

（2）将卡盘装在车轮上，夹紧卡盘，卡爪头一般要固定在轮辋圈内侧，避免装在外侧时由于轮辋外侧变形而测量不准。

（3）将4个测量头安装在卡盘轴上：

①保证各测量头的位置正确（如前左、前右）。

②测量头水平，观察水平仪，将气泡调至中间位置，则传感器水平。

③转动卡盘轴端头的偏心挡块，转向固定测量头，以免测量头意外坠下。

④开启测量头电源开关或连接测量头之间的拉线。

（4）进入测试程序，输入被检汽车的车型和生产年份。

（5）进行轮辋变形补偿。如果自定心卡盘定位正确或轮辋边缘平滑，自动卡盘可以保证传感器与轮辋同轴，一般不需要自动补偿；如果轮辋损坏了或不平整，则按四轮定位仪偏摆补偿校正程序进行偏摆补偿。

（6）使车轮落到检测平台上，把汽车前部和后部向下压动4～5次，使其做压力弹跳。

（7）安装制动杆，将制动杆大端定在踏板上，制动杆靠在座椅上压紧，使汽车处于制动状态。

（8）按四轮定位仪校正程序提示对后轮和前轮定位参数进行测量操作。

（9）将转向盘回正，电脑屏幕上显示出后轮的前束及外倾角检测数值。

（10）调正转向盘，并用转向盘锁定杆锁住转向盘使之不能转动。

（11）把安装在4个车轮上的定位传感器水平仪调到水平线上，按电脑屏幕上显示的主销后倾角、主销外倾角、转向轮外倾角和前束的数值进行调整。

方块图标用以显示每一车轮的定位角度信息，这些方块图标显示出实际测量值与四轮定位仪设定数据之间的差别，调整数值的标准范围大小决定方块图标中央部分的大小。

当车辆正在调整时，有关箭头将随调整逐渐往一个方向移动。当调整到标准范围内，方块图标标记在中央部位，方块图标为绿色即为合格。

任务四　发动机综合性能测试仪

一、发动机综合性能检测装置的基本组成

发动机综合性能检测装置千差万别，形式各异。概括起来不外乎由信号提取系统、信息处理系统、采控显示系统三大部分组成，如图6-68所示。

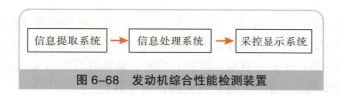

图6-68　发动机综合性能检测装置

1. 信号提取系统

信号提取系统的任务在于拾取汽车被测点的结构和参数。信号提取装置必须具有多种形式以适用于不同的测试部位。图6-69所示为大多数发动机综合性能分析仪外形图；信号提取系统如图6-70所示，这一系统由一些不同形式的接插头或探头组成。

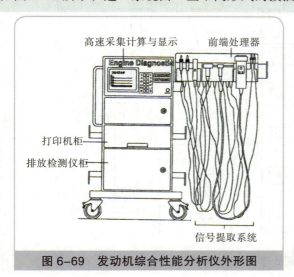

图6-69　发动机综合性能分析仪外形图

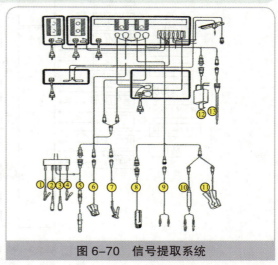

图6-70　信号提取系统

①、④—蓄电池夹（红色为正极，黑色为负极）；②、③—点火线圈初级接线夹或电容式夹持器；⑤—TDC 传感器；⑥、⑦—夹持器；⑧—频闪灯；⑨—探针；⑩—鳄鱼夹；⑪—电流互感钳；⑫—压力传感器；⑬—热敏电阻

电感式或电容式夹持器 7 分别钳于一缸点火线上和点火线圈高压线上以获得点火信号,电流互感钳 11 实际上是一个电流互感器,夹持在蓄电池上,可感应出起动电流,因为高压电和强电流直接接触,测量极为困难。以上都是对电量参数的提取,对于非电量参数就必须先经过某一类型的传感器将非电量转变成电量,如电磁式 TDC 传感器 5 提供上止点信号,频闪灯 8 可寻找点火提前角,压力传感器 12 可将进气管或喉管真空度转变成电量,而 13 为一热敏电阻,可将润滑油温度和冷却液温度等参数转变为电压值。对于电控燃油喷射(EFI)发动机,因计算机喷油脉宽和自动控制过程的需要,各非电量已被植入各系统的传感器直接转换成电量,它们的提取可用件 9 通过不同的转接头来完成,但为了不中断计算机的控制功能,必须通过 T 形接头来提取信号,如图 6-71 所示。

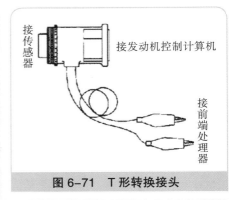

图 6-71　T 形转换接头

2. 信号预处理系统

信号预处理系统也称前端处理器,俗称"黑盒",它是电控燃油喷射系统检测的关键部件,其作用相当于多路测试系统中的多功能二次仪表集合,工作框图如图 6-72 所示。它可将发动机的所有传感信号(图示为 20 个)衰减、滤波、放大、整形后直接输入(HSI),也可将其转换成 0~5V 或 0~10V 的支流模拟信号,送入高速瞬变信号采集卡。

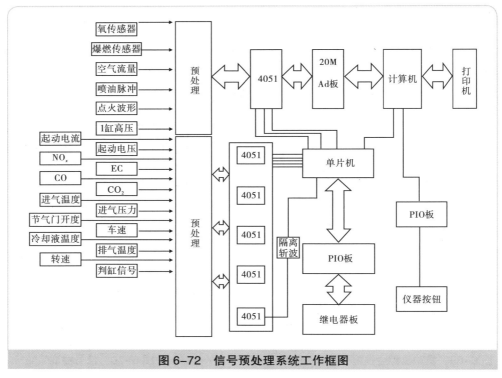

图 6-72　信号预处理系统工作框图

发动机上装配的传感器是发动机控制和判断发动机故障的关键部件,但其输出的电信号千差万别,不能被车载计算机或发动机分析仪的中央控制器直接使用,必须经过预处理转换成标准的数字信号后送入计算机。

车载传感器的输出信号按电子学角度分,有模拟信号和数字信号两种,应采用不同的处理方法。

对于模拟信号,如温度传感器、压力传感器、节气门位置传感器等,其幅值为 0~5V,频率变化也比较慢,主要的处理手段是对其进行低通滤波和信号隔离。经低通滤波后的纯净低频信号再经过隔离装置送入 A/D 转换器,以消除模拟电路和数字电路的共地干扰。

对于数字信号,如发动机的转速、判缸信号等,由于多选用电磁式、霍尔效应式和光电式传感器,其输出信号本身即为数字脉冲,但由于传输过程中的衰减、交变电磁波辐射等原因,也易形成一定程度的失真,故需对其进行整形,多用电压比较器或施密特触发器来实现,整形后输出的标准数字脉冲,再经高速光电隔离器送入后继电路,以消除其干扰,提高系统的工作可靠性。

为了实现传感器的准确测量,不影响发动机的正常运转,进行信号提取时必须保证电路有足够高的输入阻抗,而且为了保证预处理系统的主板安全,对各路输出信号均采取了限幅措施。

3. 采控与显示装置

发动机综合性能分析仪多采用 14in[①]彩色 CRT 显示器,手提便携式则用小型液晶显示器。现代分析仪都能醒目地显示操作菜单,实时显示当前动态参数和波形,十字光标可显示曲线任一点的数值,同时也可显示极限参数的数值,配以色棒显示以使其醒目,可任意设定显示范围和图形比例。

为捕捉喷油、爆燃等高频信号,采集卡一般具有采集功能,采样率可达 10MHz,量化精度不低于 10bit 并行通道,有存储功能以提供波形回取,锁定波形,供观察分析或输出、打印之用。

二、发动机动力性检测

发动机的动力性指标是额定功率和转矩,这些措施的确切数值只能在发动机台架试验中才能得到,在发动机不离车的情况下只能使用其他的方法对动力性进行间接判断,加速法就是其中常用的方法之一。

1. 无外载测功法的理论依据

以发动机运转件换算到曲轴中心线的当量转动惯量 J,在发动机急加速时的惯性阻力矩 T 为该工况下的唯一负载,即:

$$T = J\frac{d\omega}{dt} = J\frac{\pi}{30} \cdot \frac{dn}{dt}$$

式中,$\omega = n/30$,为曲轴角速度;n 为曲轴转速。

将转矩 T 代入有效功率 P_e 的计算式:

$$P_e = 0.1047 T \cdot n \cdot 10^{-3} = 0.1047 \frac{Jn\pi}{30} \frac{dn}{dt} \cdot 10^{-3} = C\frac{dn}{dt} \quad (1)$$

式中,$C = 0.1047 \frac{Jn\pi}{30} \cdot 10^{-3}$。

[①] 1 英寸(in)=25.4 毫米(mm)。

只要得到被测发动机的 n 值，就可以通过测取发动机加速度来判断它的动力性能，因为是瞬态参数，所以式（1）计算的也只是转速 n 下的瞬时功率，在实际操作中有一定的困难。比较可行的方法是求 n_1 和 n_2 两个转速之间的平均功率，即把式（1）的微观概念予以宏观化，这一方法理论依据是：认为发动机驱动曲轴转动所做的功等于曲轴旋转动能 A 的增量，数值表达式为：

$$A = \frac{1}{2} J (\omega_2^2 - \omega_1^2)$$

设角速度由 ω_1 加速到 ω_2 经历的时间为 Δt，则此时间间隔的平均功率为：

$$P_m = \frac{A}{\Delta t} = \frac{J(\omega_2^2 - \omega_1^2)}{2\Delta t} = \frac{J}{2\Delta t} \frac{\pi}{30}(n_2^2 - n_1^2)$$

2. 测试方法

为了提高无外载测功机的测试精度，必须从被检测车辆的准备工作入手。首先加速踏板踏下的速度和力度要均匀，且要求重复性良好，为此该项测试必须由经过专门训练的专职人员操作。为避免操作上的误差，必须取三次测试结果的平均值，若有飞点必须剔除。

被测车辆与加速性能有关的机构必须处于正常技术状况，尤其是供油系统的节气门拉索、摇臂机构的间隙对发动机的加速过程影响极大，在测试前不允许调整原车化油器的加速泵位置和柴油机的调整机构。

惯性系数 k 值的确定，对无外载测功至关重要，k 值的内涵已经完全超出发动机的转动惯量。仪器生产厂家提供的某些车型的 k 值多为发动机台架试验的总功率状态，即不带空气滤清器、冷却风扇和排气消声器，显然这一 k 值不能为检测站的汽车进行就车检测之用。因此，检测站测试必须使用有关部门提供的就车试验 k 值，即同一机型也要注意是否有特殊的附件，如空调、转向助力泵、风扇的驱动方式等，也就是说，对同一底盘的各类型改装车，k 值的选取必须慎重。

对于新型或初次试验的车型必须经过大量试验并与出厂指标和台架试验对比后形成一个具有代表性的统计值作为该车型的 k 值。

为避免迅猛加速过程操作上的误差而引起的数离散，可将节气门事先开到最大，然后打开点火开关，起动发动机并自由加速。为使测试数据尽量准确并且不损害发动机，试验前必须充分暖车使冷却系统预热到正常温度。

必须说明的是，上述无外载测功的理论依据尚需斟酌，首先这一方法所测得的是发动机的加速性能，仅仅是动力性的一个侧面，而不是全部，因为功率指标高的发动机，其加速性能不一定优良。

但因无外载测功法简单易行，在没有测功设备或无须严格要求最终测试结果的情况下，如作为同一台发动机调整前后或维修前后的质量判断依据，是十分有效的。

三、点火系统检测与波形分析

1. 点火系统检测

现用点火系统大体分为以下两类，它们在检测时的接线有所不同，必须区别对待。

分电器式ECU（Electronic Control Unit）控制点火系统，ECU中的微处理器根据曲轴转角传感器的信号确定点火时刻，由ECU送来的信号直接控制点火线圈初级电路的通断，点火线圈次级高压电由分电器分配到发动机各缸火花塞实现点火。

无分电器点火系统（Distributor-less Ignite）是当前最先进的点火系统，由发动机传感器送来的点火时刻信号和气缸识别信号使点火系统能为指定的气缸在指定的时刻送去点火信号，这就要求每缸配有独立的点火线圈，某些车型每两缸则共用一个点火线圈。如6缸发动机的1和6缸、2和5缸、3和4缸分别共用一个点火线圈，即共有三个点火线圈。显然每一个点火线圈点火时，总有一个缸是点空火，检测时应注意到这一点。

无触点点火系统能使用低阻抗点火线圈，从而大幅提高了初级电流，使次级电压高达30kV以上，增强了点火能量，提高了点燃稀混合气的能力，在改善燃油经济性的同时也降低了排气污染。无分电器点火系统完全是电子器件，无机械运动部件，彻底解决了凸轮和轴承磨损而引起的一系列故障。

检测点火系首先将信号提取系统连接到发动机线路上，图6-73所示是分电器式ECU（Electronic Control Unit）控制点火系统的信号提取接头连接方法。

无分电器点火系统是将高压通过独立式点火线圈连接送向火花塞，当高压感应夹难以找到可夹持的位置时，可用一种专用感应夹具夹持于独立式点火线圈上，以感应出高压信号，如图6-74所示。

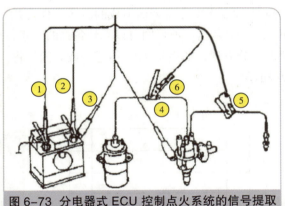

图6-73 分电器式ECU控制点火系统的信号提取接头连接方法

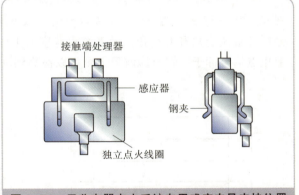

图6-74 无分电器点火系统专用感应夹具夹持位置

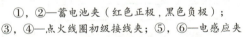

①，②—蓄电池夹（红色正极，黑色负极）；
③，④—点火线圈初级接线夹；⑤，⑥—电感应夹

2. 点火系统波形分析

（1）无触点分电器式点火波形。图6-75所示为无触点分电器的电子点火系统的正常点火波形，其初级电路的通断由晶体管控制。导通持续期内初级电压没有明显的振荡，而充磁过程中因限流作用电压有所提高，这一变动因点火线圈的感应引起次级电压线相应的波动，这是无触点点火波形的正常现象，检测时需注意这一点。

（2）无分电器点火系统波形。无分电器点火系统中两缸共用一点火线圈，将会发生一个缸在循环中点火两次，一次在压缩行程末期[如图6-76（a）]，是有效点火，该工况下因气缸的充量为新鲜可燃混合气，电离程度低，因此击穿电压和火花电压较高；另一次是在排气行程末期[如图6-76（b）]，是无效点火，该工况下因气缸为燃烧废气，电离程度较高，因此击穿电压及火花电压较低，检测时加以区分。

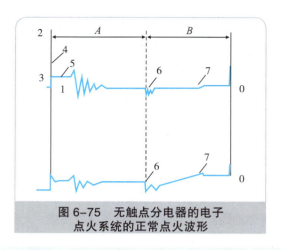

图 6-75　无触点分电器的电子点火系统的正常点火波形

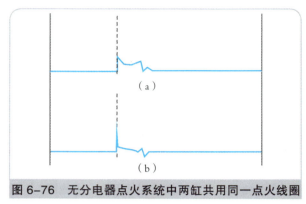

图 6-76　无分电器点火系统中两缸共用同一点火线圈

（a）压缩行程点火波形；（b）排气行程点火波形

（3）点火波形的各种组合。当气缸点火波形采集完成后，检测分析仪采集系统计算机软件将捕捉的点火波形进行不同类别的排列与组合，以供检测人员快捷而准确地判断故障的成因。

① 平列波。按点火次序将各缸点火波形首尾相连排开，称为平列波，图 6-77 所示为一个四缸发动机的平列波形，其作用主要用以分析次级电压的故障，各缸次级击穿电压是否均衡，火花电压是否均衡，火花电压是否有差异。

② 并列波。将各缸的点火波形始点对齐而由上至下按点火次序排列而形成的波形，称为并列波。图 6-78 所示为一个四缸发动机的初级电压并列波形。从这一波形图可以看到各缸的全貌，分析各缸闭合角和开启角以及各缸火花塞的工作状态十分方便，如使用 TDC 传感器或频闪灯将上止点信号标于一缸电压波形上则可以检测到点火提前角。

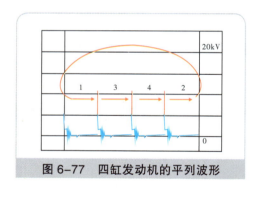

图 6-77　四缸发动机的平列波形

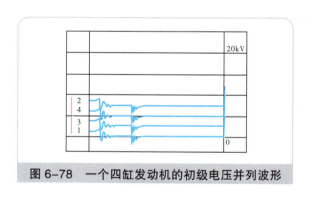

图 6-78　一个四缸发动机的初级电压并列波形

③ 重叠波。将各缸的点火波形起始点对齐，全部重叠在一个水平位置上，称为重叠波，如图 6-79 所示。如果触点式点火系统的分电器凸轮磨损不均匀或凸轮轴磨损严重将会造成波形重叠不良，一般重叠角不能超过周期的 5%。

（4）点火系统的加载调试。大多数情况下运行不正常的汽车并非因零部件损坏而引起故障，而是汽车某些系统没有达到或在使用过程中失去了正确的调整状态，其中尤以点火系统最为突出，因此在故障分析之前进行点火系统的正确调整是十分重要的。首先利用并列波，测定各缸闭合角和点火提前

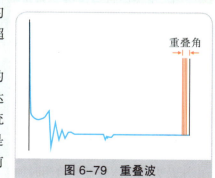

图 6-79　重叠波

角是否正常，6缸发动机的断电器凸轮角为60°，闭合角标准值为38°~42°；4缸机的凸轮角为90°，闭合角为40°~45°；8缸机凸轮角为45°，闭合角标准值为29°~32°。

对于无触点的晶体管点火系统，当闭合角线段不正常时，需调整点火信号的触发部件，如电磁式传感器的凸轮齿与传感铁心的间隙需调整到0.2~0.4mm，具体调整值要视各车型而定。

点火提前角是影响发动机动力性、经济性乃至排放指标的重要参数，利用并列波上第一缸的上止点标志可以清楚查看各缸的点火提前角，也可以用频闪灯对准曲轴飞轮上的第一缸上止点记号处，调整频闪灯上的电位器2，如图6-80所示，使闪光相位前后移动，直到曲轴飞轮上的标记对准飞轮壳上的记号，仪表即会显示第一缸的点火提前角。

上面所测到的点火提前角为总提前角，它由负荷提前值和转速提前值组成。为了使这两个参数能不互相干扰地独立调整，例如要求定转速改变负荷，就需要对发动机进行加载，也就是说汽车必须在底盘测功机上进行加载调试，如图6-81所示。加载时一般负荷率为40%~70%，车速为经济车速。只有这样才能得知，在不同转速各种负荷下，转速提前量和负荷提前量的数值和动态变化历程是否正常。

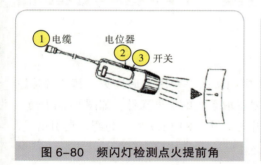

图6-80 频闪灯检测点火提前角

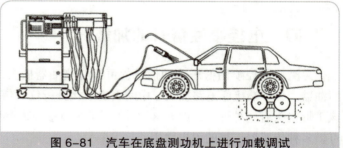

图6-81 汽车在底盘测功机上进行加载调试

（5）故障波形分析。造成故障波形的原因很多，现场测得的故障波形十分复杂，以下就一些常见的典型故障波形进行简略分析。

① 初级电压分析。图6-82所示为电子点火系统的低压故障波形，对比正常波形，在充磁阶段电压没有上升，说明电路的限流作用失效，电子点火系统无元件可以调整，当这一波形严重失常时，只能逐个更换点火线圈、点火器、点火信号发生器和凸轮位置传感器等，找出故障器件或模块。

② 平列波。在测试图示的平列波时，正常情况下各缸击穿电压约为10~20kV，各缸差别不超过2kV。为了初步检测电压线路，简单易行的方法是首先逐个将各缸火花塞接地，第三缸火花塞短路的平列波形如图6-83的上图所示。正常情况下第三缸击穿电压应不小于5kV，否则说明该缸高压系统接地或绝缘不良。

如果将第三缸的高压线取下使之断路，正常情况下该缸击穿电压应超过10kV，如图6-83的下图所示。如果明显高于这个值则表明高压系统元件如高压线、点火线圈有断路现象，有时低压系统电容器严重漏电也会出现这一情况。

课题六 汽车维护与修理常用检测工具

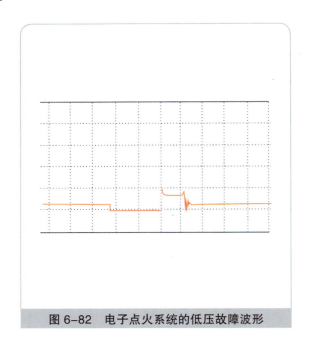

图 6-82　电子点火系统的低压故障波形

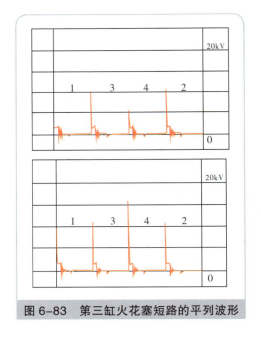

图 6-83　第三缸火花塞短路的平列波形

四、电控喷油信号的加载

为测取电控喷油低压脉冲信号，可拆开喷油器插头，中间接入一专用 T 形接头，其一端接原喷油器，另一端接原电路插头，中间引出端接分析仪的信号提取系统的信号探针，如图 6-84 所示。该 T 形接头有两种形式，图 6-84（a）所示为直接插入引出式，图 6-84（b）所示为鳄鱼夹引出式，可供多种传感器信号的引出之用。

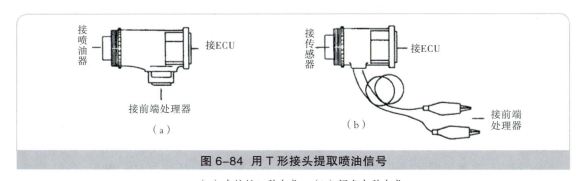

图 6-84　用 T 形接头提取喷油信号

（a）直接插入引出式；（b）鳄鱼夹引出式

燃油压力由压力调节器严格控制，这使其与进油压力之差为 250kPa，从喷油器喷出的燃油只取决于喷油器的开启时间，而这一时间是由 ECU 向喷油器电磁线圈发出的指令时间来控制的。

图 6-85 所示为仪表所采集到的喷油器电压信号波，图中 1 为喷油器关闭时的信号；2 为 ECU 喷油信号到来时刻，开始喷油（暂不考虑喷油器针阀的惯性迟滞）；3 为针阀全开提供发动机的基本喷油量，时间约为 0.8～1.1ms，这一时间是由 ECU 根据空气流量传感器及冷却液温度、进气温度、气压等信号计算出来的；4 是基本供油电压停止，喷油器线圈的自感产生脉冲，幅值约为 35V；5 为加浓补偿量，它由转速、节气门开度、温度、进气歧管压力等传感器提供的电量经 ECU 计算出大负荷（满载加浓）、加速或急减速（强制怠速）、暖机、超温、大气修正等信息对供油时间进行修正，这一段脉宽约为 1.2~2.5ms；图 6-85 中的 6 与 4 类同，为断电时的自感脉冲，幅值约为 30V。

发动机在怠速工况检测时,其喷油脉宽变化甚微,无法判断 ECU 的加浓补偿功能是否工作,因此有效的方法是对汽车运行工况加载,即在底盘测功机上运行,吸收其底盘输出功率使发动机在有负荷工况下工作,从而可以有效地对上述 ECU 的补偿功能进行检测,这样才能对电控喷油系统的控制作用进行正确的判断。

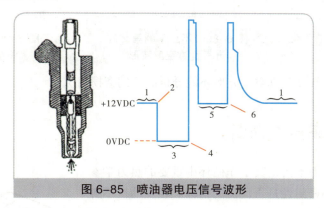

图 6-85 喷油器电压信号波形

五、进气歧管真空度波形测试

往复式活塞发动机的进气过程是间歇的,这必然引起进气压力的脉动,可以想象进气歧管真空度波形中必然隐含着丰富的与进排气有关机构的性能信息,如配气机构、气门与活塞环等密封元件的参数变化,这些会反映到进气歧管波形上,可以通过分析这一波形的办法,实现本应拆卸发动机才能解决的问题,实现不解体检测。对于 D 型电控燃油喷射系统来说,进气压力还是 ECU 计量喷油量的重要参数。

为了避免干扰 EFI 系统电脑的工作,在测量进气管真空度波形时,都在进气歧管上安装一个专用传感器,如图 6-86 所示。图中管②接进气歧管,管③接大气压力管,接头①接分析仪的信号提取系统。

图 6-87 所示是 4 缸发动机进气歧管真空度的正常波形,按照点火次序 1-3-4-2,各缸进气过程所造成的进气歧管真空度基本一致,说明该发动机进气系统和活塞组技术状态正常。

图 6-88 所示是一个 4 缸发动机不正常的进气歧管真空度波形,图中显示,第 3 缸真空度明显下降,而第 3 缸进气过程正是第 4 缸的排气过程,显然可以判断第 4 缸进气门密封不良,将废气推向进气管而导致进气真空度下降。

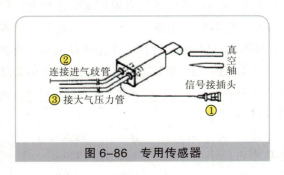

图 6-86 专用传感器

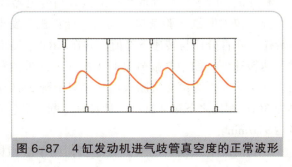

图 6-87 4 缸发动机进气歧管真空度的正常波形

图 6-89 所示的不正常波形为第 2 缸进气管真空度波形,气缸进气过程进气歧管真空度特别低,显然是该缸进气歧管空气流量下降所致,一般是因气门杆磨损所造成的。

图 6-90 所示的异常波形表明第 4 缸进气真空度下降,大多数情况是因排气门密封不严,一部分排气管的废气窜入气缸而使进气管的空气流量下降造成的。

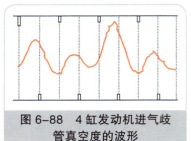 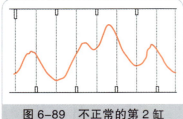 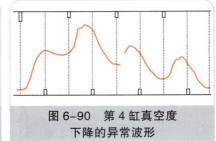

图 6-88　4 缸发动机进气歧管真空度的波形　　图 6-89　不正常的第 2 缸进气管真空度波形　　图 6-90　第 4 缸真空度下降的异常波形

除此之外，利用进气歧管真空度波形还能分析凸轮的磨损情况。

六、各缸压缩压力判断

发动机气缸压缩压力不仅是其工作循环中重要的热力学参数，也是气门和活塞环密封性是否优良的指标。在发动机不解体检测过程中还能使用缸压表测试这一参数。如果不是为了苛求这一指标的具体数值而只是做粗略的估计，或者是只对各缸压缩压力是否均衡进行判断，那么测定发动机不点火的空转起动机电流波形就可达到这一目的。

为达到这一目的，只要将电流互感钳夹于蓄电池负极电缆上，如图 6-91 所示，打开分析仪，选择示波功能，选取缸压菜单，在 CRT 上即可观察到图 6-91 所示的曲线，各缸压缩压力峰值的相对差别允许值应满足所测发动机使用说明书的要求。

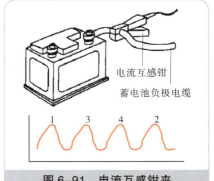

图 6-91　电流互感钳夹于蓄电池负极电缆上

七、各缸工作均匀性判断

当发动机以某一稳定怠速运行时，其指标功率与在该车速下的自身功耗平衡，当停止其中一个缸的工作时总指标功率减小，发动机转速随即下降以寻求新的平衡点。如果发动机各缸工作能力均衡，则各缸轮换停止工作时转速下降的幅值应基本相等，反之将产生差异，这就是断缸试验法。

断缸试验时的信号提取系统的接线与分电器式 ECU 控制点火系统的信号提取接头连接方法相同，分析仪的断缸试验菜单启动后，计算机会发出指令，将各缸依次断火。计算机即自动计算各缸转速下降百分比与转速下降值，并在 CRT 上显示，如图 6-92 所示。在图面下部还显示出不断缸时怠速转速值，图中气缸号是断火次序，如果被测试发动机的次序为 1、3、4、2，则说明第 2 缸动力性不足，因为第 2 缸断火后转速只下降 26r/min，下降率为 3%；相比之下第 4 缸动力性良好，断火后转速下降最多达 97r/min。

一般情况下发动机的气缸数越多，则单缸指标功率占总指示功率的比率越小，加之缸多且工作均匀性良好，所以单缸断火后转速下降较小。也就是说气缸数越多，用断缸法判断各缸工作性能的难度就越大，仪器测试的误差也就越大。

发动机		4气缸
气缸 1	10%	85(r/min)
3	9%	75(r/min)
4	12%	97(r/min)
2	3%	26(r/min)
		850(r/min)

图 6-92　分析仪的断缸试验菜单显示

八、柴油机喷油压力波形检测

1. 检测概述

柴油的着火点比汽油约低 200℃，可以在压缩行程末期喷入气缸自行着火燃烧。因此柴油机供油系并无电量可采集。这是柴油机检测的难点之一。发动机综合性能分析仪在检测柴油机的供油系时，首先要将非电量的供油压力转变成电量，在不解体检验作业中，只能用外卡式传感器。它以一定的预紧力卡夹在喷油泵与喷油器之间的高压油管上，如图 6-93 所示。油管在高压油脉冲的作用下产生微小膨胀，挤压外卡式传感器内的压电传感元件产生压电电荷，经分析仪中的电荷放大器放大后供采控系统分析。

高压柴油在喷油泵出口到喷油器的油管沿程动方式传播，即在同一瞬间喷油泵端的压力和喷油嘴端的压力是不同的，图 6-94 所示为实测到的喷油泵出口压力波和喷油器端压力波。当喷油泵柱塞上升开始关闭进油孔时，高压油管的压力上升；当超过剩余压力 p_t 时，燃油即进入高压油管；当油压继续上升达喷油器的针阀开启压力 p_o 时，针阀开启，开始向燃油室喷油。所以喷油器实际喷油开始点落后于喷油泵的供油开始点，这一段时间差称为喷油延迟。由于延迟必将导致实际喷油提前角较几何供油提前角要小，提高针阀开启压力 p_o 和增加油管总容积都使这一延迟加长，为使各缸供油提前角均衡，各缸高压油管都是等长度的。针阀打开的瞬时因容积的增大和部分油进入气缸，喷油器端的压力微降。但因柱塞的继续上升，喷油泵端的压力继续上升直到喷油泵回油孔打开，泵端压力速降。但喷油泵端的压力因高压油管的弹性收缩使压力下降缓慢，这一压力一直下降到低于喷油器针阀落座压力 p_s 时，喷油才告终止，这是正常压力波。当油管中的压力波激起针阀的振动或压力波在高压油管两端的反射波过大时，会引起不规则喷射或两次喷油等不正常现象的产生。

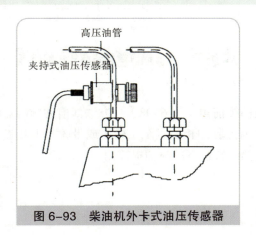

图 6-93 柴油机外卡式油压传感器

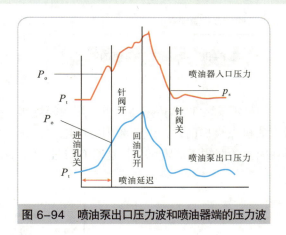

图 6-94 喷油泵出口压力波和喷油器端的压力波

2. 上止点（TDC）传感器的安装

上止点的确定对分析喷油压力波形至关重要，因此在测取压力波前必须正确安装调试 TDC 传感器，以供分析仪拾取所测发动机的上止点信号。

TDC 传感器有两种结构形式，即磁电式和光电式两种。因光电式精度高，在整个转速范围内分辨率均匀，且安装方便，以下以光电式 TDC 传感器为例简述其安装方法。首先将随机提供的反光片（10~15mm 宽）贴于飞轮或带轮上（视被测车结构而定），注意反光片贴于上止点记号的后方（以旋转方向为前），反光片前缘对准 TDC 记号。以专用夹持器将光电式传感器安置于发动机相应位置，并使其光束对准反光片，光束距离不要超过 50cm。为使上止点的提取不受发动机机振动的影响，TDC 传感器不能安装在汽车底盘或车身上（图 6-95）。

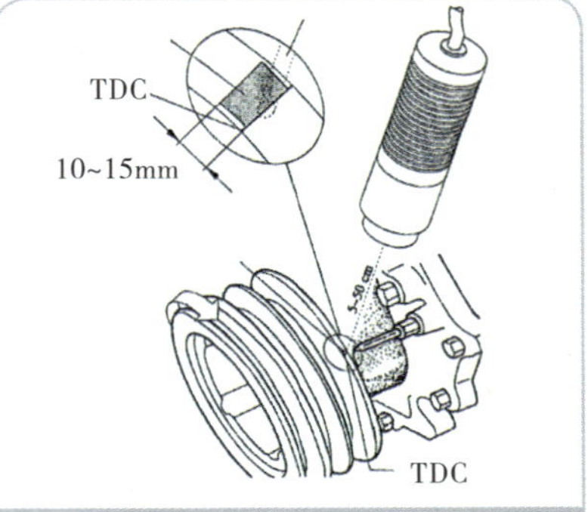

图 6-95 光电式 TDC 传感器的安装

3. 喷油提前角测定

待夹持式油压传感器和 TDC 传感器安装就位后，使柴油机暖机达到正常温度，激活分析仪的喷油提前角测试功能。为减小测试的随机误差，提高检测精度，仪器都设计有多个循环测试结果取平均值的功能。因此试验前必须设定平均循环数，例如选取 8 个循环平均值，稍等片刻，CRT 即显示所测转速下的喷油提前角值。如图 6-96 所示，并同时显示平均循环数，有的仪器还同时显示参数的模拟量。

仪器可测得喷油提前角随转速变化的曲线，如图 6-97 所示。移动曲线上的标尺，选取不同转速下的提前角值，并显示于 CRT 上部。

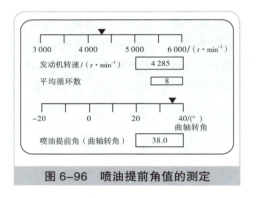

图 6-96 喷油提前角值的测定

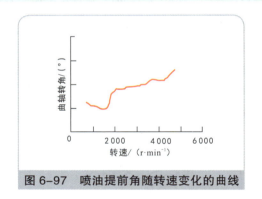

图 6-97 喷油提前角随转速变化的曲线

如果不安装 TDC 传感器，也可用频闪灯测定喷油提前角（图 6-98）。方法如前述频闪灯测量汽油机点火提前角，调节频闪灯的电位器，改变闪光脉冲相位直至飞轮（或带轮）上止点记号在闪光的照耀下清晰可见，这时 CRT 上显示的即为该转速下的喷油提前角。

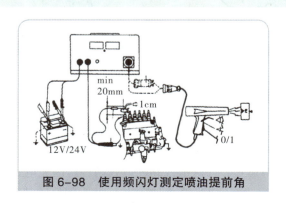

图 6-98 使用频闪灯测定喷油提前角

4. 供油压力波

如果测试系统连接上多通道夹持式压力传感器，可采集到多缸柴油机的各缸供油压力波形，并通过信息处理软件如汽油机点火波形一样组合成平列波、并列波和重叠波形，如图6-99所示。但传感器压电特性和高压油管弹性的差异以及夹持式传感器安装过程中的随机误差，使各缸供油压力信号的采集差别比各缸点火信号采集差别要大，从而导致根据这些图形分析各缸供油一致性的推理可信度下降。

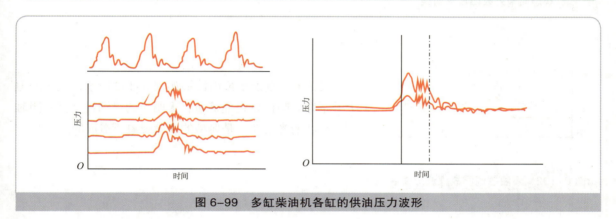

图6-99　多缸柴油机各缸的供油压力波形

5. 故障喷油压力波形的加载分析

喷油压力波形与点火波形不同，后者几乎与发动机的负荷无关，而前者正是柴油机的负荷调节方式，因此要正确分析供油压力波形，就必须使发动机在有负荷的情况下运行。对于整车调试只能在底盘测功机上吸收汽车底盘输出功率。为了使采集的信号能准确地反映喷油器的工作状态，夹持式传感器应装卡在喷油器进口端。在分析供油压力波时，推荐以下几个特点来判断故障状态：

①喷油器开启前的压力上升。
②喷油器开启时刻与压力值。
③喷油器开启后的压力变化特征。
④喷油延迟期。
⑤喷油器关闭时刻与压力变化。
⑥压力反射波辐射。
⑦两次喷射。

波形分析如下：

喷油器积炭，图6-100所示的虚线为故障波，实线为正常波，相比之下故障波因喷油器积炭而减小了通道截面，使喷油器开启后的压力上升出现尖峰，喷油持续时间加长。

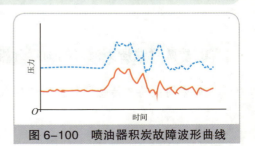

图6-100　喷油器积炭故障波形曲线

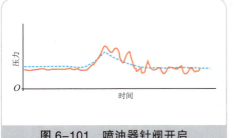

图 6-101　喷油器针阀开启
状态时卡死故障波形曲线

喷油器针阀开启状态时卡死，故障曲线上无开启和关闭信号（如图 6-101 所示），压力建立不起来，这是喷油器最大，也是最易于检测的故障。

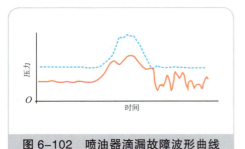

图 6-102　喷油器滴漏故障波形曲线

喷油器滴漏所形成的波形如图 6-102 所示，曲线压力上升平缓，喷油延迟期缩短，无明显的喷油器针阀关闭时刻，钩状的光滑曲线是典型的滴漏现象所造成的。

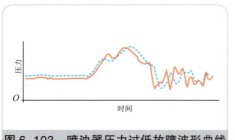

图 6-103　喷油器压力过低故障波形曲线

喷油压力过低所形成的波形如图 6-103 所示，喷油压力在针阀开启和关闭时都较低，且喷油持续时间过长，这时需调整针阀压力。

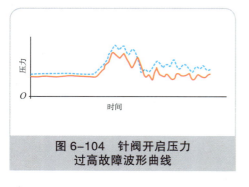

图 6-104　针阀开启压力
过高故障波形曲线

针阀开启压力过高所形成的波形如图 6-104 所示，剩余压力升高，开始喷油时刻推迟，反射波幅加大，其结果是喷油率下降，喷油压力峰值的增大可能损坏喷油泵。

6. 故障供油压力波形的加载分析

如果将夹持式传感器移至喷油泵出口端，可以采集到反映喷油泵性能的压力波信息。

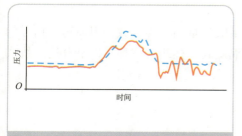

图 6-105　出油阀密封不良故障波形曲线

出油阀密封不良所形成的波形如图 6-105 所示，故障曲线在针阀关闭后剩余压力下降，并造成压力上升和下降曲线变化平坦，因为剩余压力降低而显得与压力峰值之间的差值变大。

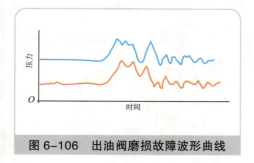

图 6-106　出油阀磨损故障波形曲线

出油阀磨损造成高压油管内剩余压力上升，如图 6-106 所示，喷油持续时间长，同时出现两次喷射（注意反射压力波幅已达喷油压力幅值，促使喷油器针阀两次开启，这时常伴有排气冒烟现象）。

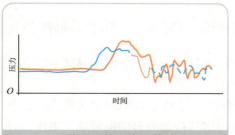

图 6-107　喷油泵柱塞磨损故障波形曲线

喷油泵柱塞磨损，压力波曲线出现如图 6-107 所示的喷油开始时刻推迟，喷油压力峰值和喷油持续期明显下降的现象。

7. 怠速稳定性检测

柴油机转矩特性曲线平直，属于硬特性，转动平稳性远不如汽油机，怠速工况更为严重，因此柴油机供油系统无一例外都装有不同形式的调速器，以稳定其转速。

夹持式压力传感器所采集的油压信号同时也是柴油机的转速脉冲信号。测试时应使柴油机充分暖车。激活分析仪的转速分析功能，仪器将自动采集 32 个循环并统计出平均转速、最高转速、最低转速和起动转速等参数，并显示在 CRT 上，如图 6-108 所示。

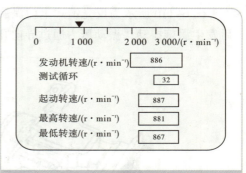

图 6-108　怠速稳定性检测

九、空气流量传感器的检测

电控燃油喷射系统的空气流量传感器信号是计算机计量喷油量的主要参数，因而这一信号的检测就显得特别重要。空气流量传感器分为翼片式、卡门涡旋式和热线式三种，以下分述热线式和卡门涡旋式传感器检测方法。

1. 热线式空气流量传感器

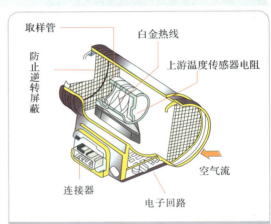

热线式空气流量传感器的结构如图6-109所示。在主气道中有热线和进气上游温度传感电阻，它们分属电桥的两个桥臂。当空气流量增加时，热线因冷却而使阻值发生变化，从而使电桥失去平衡，控制电路随即自动升高桥压，使电桥恢复平衡，而升高的桥压则可以反映空气流量的变化。各车型的热线式空气流量传感器的插接器不尽相同，在线检测时可激活发动机综合性能检测仪的万用表功能，将信号提取系统的探针通过T形接头触及传感器的信号连接器的电压输出端子，同时踏加速踏板，如果无电压或电压不随节气门开度大小变化，这说明传感器已损坏。如果空气流量传感器已拆离发动机进行离线检测，那么可将连接器输入端子接通蓄电池，并以吹风机模拟进气，同样测试输出电压值是否随吹风量而变化。

图6-109 热线式空气流量传感器的结构

为了防止热线因被污染而影响传感器精度，每次关闭发动机时ECU会瞬间向热线供给一个峰值电压使其加热，以便除去污染物，检测时可使用探针测定连接器的自洁信号端子电压，看其是否随点火开关的动作而变化。

2. 卡门涡旋式空气流量传感器

图6-110所示为反光镜式卡门涡旋式空气流量传感器，当空气流过涡旋发生器时，在其前后发生涡旋振动，振动压力通过导向孔传至反光镜使其产生同步振动，并将发光二极管的光线

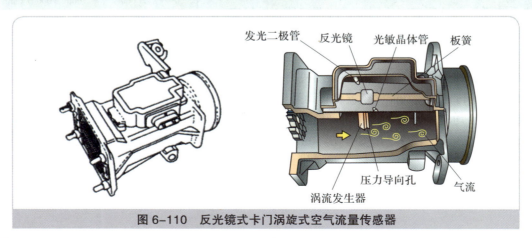

图6-110 反光镜式卡门涡旋式空气流量传感器

反射到光敏晶体管，使之随光线的振动而导通或截止，从而产生脉冲信号，这一信号的频率正比于空气流量。在线检测时激活分析仪的示波器功能，用探针触及传感器连接输出端子，正常时在 CRT 上显示高频矩形波，峰值为 4~6V，波谷为 0~3V，如无波形则说明传感器已损坏。超声波式卡门涡旋式空气流量传感器的检测方法与反光镜式相同，这里不再赘述。

课题七 汽车运行材料

学习任务

1. 掌握车用汽油的标准及牌号。
2. 了解车用汽油的选择及使用。
3. 掌握车用柴油的标准及牌号。
4. 了解车用柴油的选择及使用。
5. 了解清洁能源或燃料（天然气、液化石油气、醇类燃料、电能等）在汽车中的应用。
6. 了解汽车润滑油的分类。
7. 掌握发动机机油的分类及牌号，学会合理选择发动机油。
8. 了解车辆齿轮油、液力传动油的牌号及选择使用。
9. 掌握汽车制动液、发动机冷却液、空调制冷剂的分类、选择及使用。
10. 了解汽车轮胎构造。
11. 掌握汽车轮胎规格、合适使用、日常保养规范。

任务一 车用燃料

一、车用汽油的标准与牌号

汽油的质量标准称为汽油的规格，各国根据各自的实际情况制定汽油的规格要求。随着汽车保有量大幅提高所带来的能源危机和环保压力，我国积极借鉴国外先进标准体系建设经验，加快了我国汽油车油耗、排放等标准法规的建立、完善步伐，并逐步与国际先进水平接轨。

国家标准化委员会2013年年底发布第五阶段车用汽油国家标准。该标准自发布之日起开始实施，过渡期截至2017年年底。从2018年1月1日起全国范围内将供应第五阶段车用汽油。

按照第五阶段汽油标准，我国车用汽油主要指标与欧洲现行标准水平相当，达到国际最高水平。从1999年我国制定《车用无铅汽油》（GB 17930—1999）标准至2013年年底制定的《车用汽油》（GB 17930—2013）标准，我国车用汽油标准制定和使用经历了五个阶段：

第一阶段，2003年1月1日起，汽油质量执行《车用无铅汽油》（GB 17930—1999）国家标准（国一标准），汽油中硫含量由不大于1 500ppm（ppm为浓度计量单位，1ppm为百万分之一）降低至800ppm以下。

第二阶段，2005年7月1日起，执行修订版《车用无铅汽油》（GB 17930—1999）国家标准（国二标准），汽油中硫含量降低至500ppm以下。

第三阶段，2010年1月1日起，执行《车用汽油》（GB 17930—2006）国家标准（国三标准），汽油中硫含量降低至150ppm以下。

第四阶段，2011年5月12日起，执行《车用汽油》（GB 17930—2011）国家标准（国四标准），第四阶段车用汽油标准过渡期截止到2013年年底，汽油中硫含量降低至50ppm。

第五阶段，2013年12月18日起，执行《车用汽油》（GB 17930—2013）国家标准（国五标准），第五阶段车用汽油标准过渡期截至2017年年底，从2018年1月1日起全国范围内将供应第五阶段车用汽油。

国五汽油标准中汽油牌号相对比国四标准有所降低，但与国际上发达国家及发展中国家汽油牌号仍处于同一水平，第五阶段车用汽油国家标准主要有六方面变化：

（1）为进一步提高汽车尾气净化系统能力，减少汽车污染物排放，将硫含量指标限值由第四阶段的50ppm降为10ppm。

（2）考虑到锰对人体健康不利的潜在风险和对车辆排放控制系统的不利影响，将锰含量指标限值由第四阶段的8mg/L降低为2mg/L，禁止人为加入含锰添加剂。

（3）考虑到第五阶段车用汽油由于降硫、禁锰引起的辛烷值减少，以及我国高辛烷值资源不足的情况，将第五阶段车用汽油牌号由90号、93号、97号分别调整为89号、92号、95号，同时在标准附录中增加98号车用汽油的指标要求。

（4）为防止冬季因蒸气压过低而影响汽车发动机冷起动性能，导致燃烧不充分、排放增加，冬季蒸气压下限由第四阶段的42kPa提高到45kPa。为进一步降低汽油中挥发性有机物质的排放，减少大气污染，夏季蒸气压上限由第四阶段的68kPa降低为65kPa，并规定广东、广西和海南全年执行夏季蒸气压。

（5）为进一步降低汽油蒸发排放造成的光化学污染，减少汽车发动机进气系统沉积物，烯烃含量由第四阶段的28%降低到24%。

（6）为进一步保证车辆燃油经济性相对稳定，首次规定了密度指标，其值为20℃时720~775kg/m^3。

目前，北京、上海、江苏等部分地方已先期实施相当于第五阶段车用汽油标准。

二、车用汽油的选择与使用

1. 汽油的选择

选择汽油主要根据汽车使用说明书的要求，以正常运行条件下发动机不发生爆震为前提，选择适当牌号的车用汽油。

选择合适的汽油牌号，应注意要使汽油的标号与发动机的压缩比相匹配，若高压缩比的发动机选择低标号的汽油，汽油发动机容易产生爆震，发动机长时间爆震，容易造成活塞烧结、活塞环断裂等故障，加速发动机部件的损坏；若低压缩比的发动机选用高标号汽油，虽能避免发动机爆震，但高标号汽油配低压缩比的发动机会改变点火时间，造成汽缸内积炭增加，长期使用会减少发动机的使用寿命。

国五标准的车用汽油，因硫含量和烯烃的降低以及禁止人为加入锰剂造成汽油辛烷值损失，将通过调整汽油牌号解决禁止加锰带来的辛烷值损失，按照国五标准，车用汽油牌号从 90 号、93 号、97 号调整为 89 号、92 号、95 号。辛烷值与汽车发动机设计的压缩比有关，汽车发动机燃烧技术专家说，只要选择的汽油辛烷值与车辆设计的辛烷值基本匹配，即使辛烷值差一两个单位，也不会对油耗造成明显影响。因此，国五汽油因辛烷值降低调整汽油牌号对油耗没有明显影响。针对北京实施京五汽油标准后近 5 000 用户的调查显示，60% 多认为油耗下降或不变。同时，在上海对 18 辆各类品牌车进行了对比试验，整车油耗也没有明显影响。

2. 汽油的使用注意事项

（1）燃油的品质直接影响整车的动力性、经济性、排放性及机件的使用寿命。因此，必须严格按车辆使用说明书上推荐的汽油标号选择汽油的牌号。

（2）油箱要经常装满油，尽量减少油箱中的空气含量，以减少胶质的生成。同时应保持油箱盖通气阀作用良好，按要求定期清洁油箱与汽油滤清器。

（3）长期存放后，已变质的汽油不能使用，否则，将导致电喷发动机的喷嘴结胶堵塞。

（4）高原地区的汽油牌号应选择低一些的。

三、车用柴油的标准与牌号

1. 我国车用柴油的国家标准

2013 年 6 月 8 日，国家质检总局、国家标准委批准发布了《车用柴油（Ⅴ）》（GB 19147—2013）国家标准，自发布之日起实施，过渡期至 2017 年 12 月 31 日，2018 年 1 月 1 日起强制实施。该标准规定了第五阶段车用柴油的硫含量不大于 10ppm。

柴油中的硫含量对环境具有重要影响。多年来，国内车用柴油质量升级的主要工作之一，就是降低车用柴油中的硫含量。因为降低柴油车排放需要采用先进的发动机技术和尾气后处理装置，而这些措施的实施对燃料中的硫含量非常敏感，需要大幅降低车用柴油中的硫含量，才能保证这些先进措施的有效实施。

为控制柴油车尾气排放，我国于 2000 年 10 月 27 日发布了 GB 252—2000《轻柴油》（国一标准），规定的硫含量不大于 2 000ppm；2003 年 5 月 23 日发布的 GB 19147—2003《车用柴油》（国二标准），规定的硫含量不大于 500ppm；2009 年 6 月 12 日发布的 GB 19147—2009《车用柴油》国家标准（国三标准），硫含量不大于 350ppm，自 2010 年 1 月 1 日起实施；2013 年 2 月 7 日实施 GB 19147—2013f《车用柴油（Ⅵ）》（国四标准），硫含量不大于 50ppm；2013 年 6 月 8 日实施 GB 19147—2013《车用柴油（Ⅴ）》（国五标准），硫含量不大于 10ppm。13 年的时间，我国车用柴油国家标准硫含量的指标由 2 000ppm 降至 10ppm，这一指标达到了目前欧盟标准的水平。

2. 我国车用柴油的牌号

车用柴油的牌号按凝点划分。我国目前有七个牌号，分别为：10 号、5 号、0 号、−10 号、−20 号、−35 号、−50 号。

四、车用柴油的选择与使用

1. 车用柴油的选择

由于冷滤点能作为柴油实际使用的最低温度，因而可根据当地风险率为 10% 的最低气温（表 7-1），对照柴油的冷滤点，选择柴油牌号。但由于柴油是按照凝点来划分的，实际选择时，比较方便的是将最低气温直接与凝点温度相比，确定柴油牌号。通常，柴油的凝点比冷滤点低 4℃~6℃，因此，选用柴油凝点应比当地风险率为 10% 的最低气温低 4℃~6℃，据此，各牌号车用柴油适用范围如下。

表 7-1 部分地区风险率为 10% 的最低气温　　　　　　　　单位：℃

省份 \ 月份	1月	2月	3月	4月	5月	6月	7月	8月	9月	10月	11月	12月
河北省	−14	−13	−5	1	8	14	19	17	9	1	−6	−12
山西省	−17	−16	−8	−1	5	11	15	13	6	−2	−9	−16
内蒙古自治区	−43	−42	−35	−21	−7	−1	1	1	−8	−19	−32	−43
黑龙江省	−44	−42	−35	−20	−6	1	7	1	−6	−20	−35	−43
吉林省	−29	−27	−17	−6	1	8	14	12	2	−6	−17	−26
辽宁省	−23	−21	−12	−1	6	12	18	15	6	2	−12	−20
山东省	−12	−12	−5	2	8	14	19	18	11	4	−4	−10
江苏省	−10	−9	−3	3	11	15	20	20	12	5	−2	−8
安徽省	−7	−7	−1	5	12	18	20	20	14	7	0	−6
浙江省	−4	−3	1	6	13	17	22	21	15	2	1	−3
江西省	−2	−2	3	9	15	20	23	23	18	12	4	0
福建省	−1	−2	3	8	14	18	21	20	15	8	1	−3
台湾省	3	0	2	8	10	16	19	19	13	10	5	2
广东省	1	2	7	12	18	21	23	23	20	13	7	2
广西壮族自治区	3	3	8	12	18	21	23	23	19	15	9	4
湖南省	−2	−2	3	9	14	18	22	21	16	10	4	−1

续表

省份＼月份	1月	2月	3月	4月	5月	6月	7月	8月	9月	10月	11月	12月
湖北省	-6	-4	0	6	12	17	21	20	14	8	1	-4
河南省	-10	-9	-2	4	10	15	20	18	11	4	-3	-8
四川省	-21	-17	-11	-7	-2	1	2	1	0	-7	-14	-19
贵州省	-6	-6	-1	3	7	9	12	11	8	4	-1	-4
云南省	-9	-8	-6	-3	1	5	7	7	5	-1	-5	-8
西藏自治区	-29	-25	-21	-15	-9	-3	-1	0	-6	-14	-22	-29
新疆维吾尔自治区	-40	-38	-28	-12	-5	-2	0	-2	-6	-14	-25	-34
青海省	-33	-30	-25	-18	-10	-6	-3	-4	-6	-16	-28	-33
甘肃省	-23	-23	-16	-9	-1	3	5	5	0	-8	-16	-22
陕西省	-17	-15	-6	-1	5	10	15	12	6	-1	-9	-15
宁夏回族自治区	-21	-20	-10	-4	2	6	9	8	3	-4	-12	-1

10号城市车用柴油——适用于有预热设备的柴油机。

5号城市车用柴油——适用于风险率为10%的最低气温在8℃以上的地区。

0号城市车用柴油——适用于风险率为10%的最低气温在4℃以上的地区。

-5号城市车用柴油——适用于风险率为10%的最低气温在-1℃以上的地区。

-10号城市车用柴油——适用于风险率为10%的最低气温在-5℃以上的地区。

-20号城市车用柴油——适用于风险率为10%的最低气温在-14℃以上的地区。

2. 使用注意事项

（1）在不同的地区和不同的季节应根据环境温度选用不同牌号的车用柴油。

（2）不同牌号的柴油可掺兑使用，以提高或降低柴油的凝点。

（3）严禁在柴油中掺入汽油，因为汽油的发火性能差，掺入汽油会导致起动困难，甚至不能起动。

（4）低温起动可以采取预热措施，也可使用低温起动液。

（5）柴油加入油箱前，要经过沉淀和过滤，沉淀时间不少于48h，以除去杂质，确保柴油的清洁。

五、汽车新能源

汽车的燃料大部分是石油产品。但据目前探明的石油资源测算，石油资源将面临枯竭。毫无疑问，从长远的观点来看，寻求新能源，成了解决石油危机和环境污染的必然选择。

汽车新能源是指不同于传统燃料汽油和柴油的能源。目前，用于汽车上的新能源有许多种，如天然气、液化石油气、甲醇燃料、乙醇燃料、电能、氢能等。

在能源和环保的压力下，新能源汽车无疑将成为未来汽车的发展方向。中国新能源汽车产业始于21世纪初，2008年成为我国"新能源汽车元年"。"十二五"期间，我国新能源汽车正式迈入产业化发展阶段：2011—2015年开始进入产业化阶段，在全社会推广新能源城市客车、混合动力轿车、小型电动车。"十三五"期间即2016—2020年，我国进一步普及新能源汽车、多能源混合动力车，插电式电动轿车、氢燃料电池轿车逐步进入普通家庭。

1. 天然气

天然气（NG）主要成分是甲烷，占85%~95%，其余为乙烷、丙烷、丁烷和少量其他物质。按其存在形式分为压缩天然气（CNG）和液化天然气（LNG）两种，目前广泛用于汽车上的是压缩天然气。

天然气的特点是：

（1）热值高。天然气的体积和质量低热值都比汽油高，因为密度低，所以，理论混合气热值比汽油低。

（2）抗爆性能好。天然气的主要成分是甲烷，甲烷的研究法辛烷值为130。

（3）混合气发火界限高。天然气与空气混合后具有很宽的发火界限，为发动机稀燃技术提供保证，从而进一步提高燃料经济性，降低排放量。

（4）着火温度高。火焰传播的速度慢，需要较高的点火能量。

使用天然气的汽车在低温时的起动和运转性能较好。其缺点是其运输性能比液体燃料差、发动机的容积效率低、着火延迟较长及动力性有所降低。这类汽车多采用双燃料系统，即一个压缩天然气和一个汽油或柴油燃烧系统，能较容易地从一个系统过渡到另一个系统，此种汽车主要用于城市公交汽车。

2. 液化石油气

液化石油气（LPG）是以3~4个碳原子的烃类（如丙烷（C_3H_8）、丙烯（C_3H_6）、丁烷（C_4H_{10}）、丁烯（C_4H_8））为主的一种混合物。

液化石油气的特点是：

（1）热值高。以质量计算，热值高于汽油。

（2）抗爆性能好。液化石油气研究法辛烷值为100~110。

（3）燃烧完全、积炭少、排放污染物低。液化石油气与空气混合均匀，有利于燃烧。

（4）着火温度高。火焰传播的速度慢，需要较高的点火能量。

使用液化石油气的汽车和使用天然气的汽车的性能相似，一般用于城市公交汽车。

3. 醇类燃料

醇类燃料汽车是指以甲醇或乙醇为燃料的汽车。

甲醇可从天然气、煤、石脑油、重质燃料、木材和垃圾等物质中提炼。

乙醇的原料主要是含糖作物、含淀粉作物，如甘蔗、甜菜、土豆、玉米、草秆等。

（1）特点。

①辛烷值比汽油高，可采用高压缩比提高热效率。

②蒸发潜热大，使得低温起动和低温运行性能恶化。

③常温下为液体，操作容易，储带方便。

④可燃界限宽，燃烧速度快，可以实现稀燃技术。

⑤与传统的发动机技术有继承性，特别是使用汽油—醇类混合燃料时，发动机结构变化不太大。

⑥热值低，甲醇的热值只有汽油的48%，乙醇的热值只有汽油的64%。

⑦沸点低，蒸气压高，容易产生气阻。
⑧甲醇有毒。
⑨腐蚀性大，醇具有较强的腐蚀性，能腐蚀锌、铝等金属。醇与汽油的混合燃料对橡胶、塑料的溶胀作用比单独的醇或汽油都强，混合20%的醇时对橡胶溶胀作用最大。
⑩醇混合燃料容易发生分层，醇的吸水性强，混合燃料进入水分后易分离。醇类燃料在汽车上应用主要有三种类型：掺烧、纯烧和改质。
（2）现状与前景。
醇类燃料汽车发展得较早，和天然气汽车一样，都是新能源和低公害汽车。作为石油的替代能源，醇类燃料的资源比较丰富，可以从多种原料中进行提取。用甲醇和乙醇作为汽车燃料在技术和成本方面已达到实用阶段。到目前为止，已有40多个国家和地区用甲醇或乙醇作为汽车燃料，尤其在盛产甘蔗的巴西，有30%以上的汽车是乙醇汽车。

4. 电能

电能是二次能源，它可以来源于风能、水能、核能、热能、太阳能等多种方式。以电能为动力的汽车称为电动汽车。目前电动汽车上常用的蓄电池主要有铅酸电池、镉镍电池、氢镍电池、锂电池及燃料电池等。
（1）特点。
①直接污染及噪声小。
②电能来源方式多。
③结构简单。
④比能低，汽车持续行驶里程短。
⑤成本高。
⑥充电时间长。
（2）现状与前景。
电动汽车在限定范围内应用的技术已经成熟，但电动汽车广泛应用还存在许多问题，还需要一定的时间，但有希望成为未来汽车的主体。

5. 氢气

氢气主要从水中通过裂解制取，或者来源于各种工业副产品。用氢气作为燃料的汽车称为氢气汽车。
（1）特点。
①热值高，热效率高。
②辛烷值高。
③燃烧后不产生有害气体。
④氢气生产成本高。
⑤气态氢能量密度小，储运不方便，液态氢技术难度大、成本高。
（2）现状与前景。
氢气作为汽车燃料最大的问题是制取与携带。氢气制取的方式很多，但成本都非常高，目前没有找到解决的办法。
目前，氢气汽车还处在研究探索阶段，真正应用很少。但随着石油资源的减少和人类科技的不断进步，氢气汽车的前景十分光明。各发达国家都不惜财力、人力进行研究，以备未来其他能源消耗殆尽时起主导作用。

任务二 汽车润滑油

一、发动机油

1.发动机油的分类及标准

（1）国外发动机油的分类。国际标准化组织（ISO）还没有确定发动机油的详细分类，而美国在发动机润滑油方面处于国际领先水平，对润滑油的发展趋势起主导作用，因此国际上广泛采用美国汽车工程师学会（SAE）的黏度分类和美国石油协会（API）的作用性能分类法。

① SAE黏度分类。1911年，美国汽车工程师学会制定了黏度分类法，经几次修改，目前执行的是《发动机油黏度分类》（SAE J300：1987），该标准采用含字母W（冬用）和不含字母W（春秋和夏用）两个系列的黏度等级的划分，前者以最大低温黏度最高边界泵送温度和100℃时的最小运动黏度划分，后者仅以100℃时的运动黏度划分。冬用发动机油分为0W、5W、10W、15W、20W和25W六个等级。春秋和夏用发动机油分为20、30、40、50、60五个等级。发动机油SAE黏度分类如表7-2所示。

表7-2 发动机油SAE黏度分类

黏度等级	低温黏度最大值		最高边界泵送温度/℃	最高稳定倾点/℃	100℃运动黏度/(mm²·s⁻¹)	
	黏度/(cP)*	温度/℃			最小	最大
0W	3 250	−30	−35		3.8	
5W	3 500	−25	−30	−35	3.8	
10W	3 500	−20	−25	−30	4.1	
15W	3 500	−15	−20		5.6	
20W	4 500	−10	−15		5.6	
25W	6 000	−5	−10		9.3	
20					5.6	< 9.3
30					9.3	< 12.5
40					12.5	< 16.3
50					16.3	< 21.9
60					21.8	< 26.1

注：*1cP=10^{-3}Pa/s

按SAE黏度分类的发动机油，还有单级油和多级油之分。仅有一个黏度级号（如5W、30等）的油为单级油，它只能满足低温或高温一种黏度级号的要求，在温差较大的地方不能冬夏通用。如果在发动机油中加入黏度指数改进剂，既能满足低温时黏度级号的要求，又能满足高温时黏度级号的要求，则此种发动机油称为多级发动机油。它由低温黏度级号与高温黏度级号组合来表示，例如 5W/30，其含义是：这是一种多级发动机油，这种油在低温使用时符合 SAE5W 黏度级，在 100℃时运动黏度符合 SAE30 黏度级。

② API 使用分类。发动机油的使用性能分类，就是根据在发动机试验评定中所表现的抗磨性、清净分散性、抗氧化性、抗腐蚀性等确定其等级。目前采用的 API 使用分类法，是美国石油协会、美国汽车工程师学会和美国材料与试验协会（ASTM）共同提出的 SAE J183 发动机润滑油性能和分类法，它将发动机润滑油分为汽油机润滑油和柴油机润滑油。该分类将汽油机定为 S 系列，柴油机定为 C 系列。在 S 系列中有 SE、SF、SG、SH、SJ、SL、SM、SN 等；在 C 系列中有 CC、CD、CE、CF、CF-4、CG-2、CG-4、CH-4、CI-4、CJ-4 等。它是按发动机强化程度和工作条件的苛刻程度来划分的，为了保证油品的使用性能，以上两个系列的各级油品，其质量除应符合各自规定的理化性能要求外，还必须通过规定的发动机试验。API 使用分类法是一种开端分类法，今后将随着发动机和发动机油技术的发展，顺次增加新级别的油品。

（2）我国发动机油分类。2012 年 11 月 5 日，我国发布了《内燃机油分类》（GB/T 28772—2012）国家标准，该标准参考了美国石油协会 API 1509：2007《发动机油认证体系》及其技术公告 1（英文版）和美国汽车工程师学会 J300：1991《发动机油性能及发动机使用分类》（英文版）。该标准于 2013 年 3 月 1 日实施，代替《内燃机油分类》（GB/T 7631.3—1995）。

① 使用性能分类。《内燃机油分类》（GB/T 28772—2012）规定了车用内燃机油的代号说明和详细分类，内燃机油的详细分类是根据产品的特性、使用场合和使用对象划分的。第一个品种由两个英文大写字母及数字组成代号表示，当第一个字母为"S"时代表汽油机油，"GF"代表以汽油为燃料的具有燃料经济性要求的乘用车发动机油，第一个字母与第二个字母或第一个字母与第二个字母及其后的数字相结合代表质量等级。当第一个字母为"C"时代表柴油机油。其中 SA、SB、SC、SD 四种汽油机油，CA、CB、CD-Ⅱ、CE 四种柴油机油从 2013 年 3 月 1 日起废除，不再生产和使用。我国内燃机油分类如表 7-3 所示。

表 7-3 我国内燃机油分类

应用范围	品种代号	特性和使用场合
汽油机油	SE	用于轿车和某些货车的汽油机以及要求使用 API SE 级油的汽油机
	SF	用于轿车和某些货车的汽油机以及要求使用 API SF、SE 级油的汽油机。抗氧化性和抗耐磨性优于 SE，同时还具有控制汽油机的沉积物、抗锈蚀和腐蚀的性能，并可代替 SE
	SG	用于轿车和货车的汽油机以及要求使用 API SG 级油的汽油机。SG 还包含 CC 级的性能。此油品改进了 SF 级油品控制发动机沉积物、磨损和油的氧化性能，同时还具有抗锈蚀和腐蚀的性能，并可代替 SF、SF/CD、SE 或 SE/CC
	SH、GF-1	用于轿车和货车的汽油机以及要求使用 API SH 级油的汽油机。此油品在控制发动机沉积物、油的氧化、磨损、抗锈蚀和腐蚀等方面性能优于 SG，并可代替 SG GF-1 与 SH 相比，增加了对燃料经济性的要求
	SJ、GF-2	用于轿车、运动型多用途汽车、货车的汽油机以及要求使用 API SJ 级油的汽油机。此油品在挥发性、过滤性、高温泡沫性和高温沉积物控制等方面优于 SH，可代替 SH，并可在 SH 以前的"S"系列等级中使用 GF-2 与 SJ 相比，增加了对燃料经济性的要求，GF-2 可代替 GF-1
	SL、GF-3	用于轿车、运动型多用途汽车、货车的汽油机以及要求使用 API SL 级油的汽油机。此油品在挥发性、过滤性、高温泡沫性和高温沉积物控制等方面优于 SJ，可代替 SJ，并可在 SJ 以前的"S"系列等级中使用 GF-3 与 SL 相比，增加了对燃料经济性的要求，GF-3 可代替 GF-2

续表

应用范围	品种代号	特性和使用场合
	SM、GF-4	用于轿车、运动型多用途汽车、货车的汽油机以及要求使用 API SM 级油的汽油机。此油品在高温氧化和清净性能、高温磨损性能以及高温沉积物控制等方面优于 SL,可代替 SL,并可在 SL 以前的"S"系列等级中使用 GF-4 与 SM 相比,增加了对燃料经济性的要求,GF-4 可代替 GF-3
	SN、GF-5	用于轿车、运动型多用途汽车、货车的汽油机以及要求使用 API SN 级油的汽油机。此油品在高温氧化和清净性能、低温油泥以及高温沉积物控制等方面优于 SM,可代替 SM,并可在 SM 以前的"S"系列等级中使用 对于资源节约型的 SN 油品,除了具备上述性能外,强调燃料经济性、对排放系统和涡轮增压器的保护以及含乙醇最高达 85% 的燃料的兼容性能 GF-5 与 SN 相比,性能基本一致,GF-5 可代替 GF-4
柴油机油	CC	用于中负荷及重负荷下的自然吸气、涡轮增压和机械增压式柴油机以及一些重负荷汽油机。对于柴油机具有控制高温沉积物和轴瓦腐蚀的性能,对于汽油机具有抗锈蚀、腐蚀和控制高温沉积物的性能
	CD	用于需要高效控制磨损及沉积物或使用包括高硫燃料自然吸气、涡轮增压和机械增压式柴油机,以及一些重负荷汽油机及要求使用 API CD 级油的柴油机。具有控制轴瓦腐蚀和高温沉积物的性能,并可代替 CC
	CF	用于非道路间接喷射式柴油发动机和其他柴油发动机,也可用于需有效控制活塞沉积物、磨损和含铜轴瓦腐蚀的自然吸气、涡轮增压和机械增压式柴油机。能够使用硫的质量分数大于 0.5% 的高硫柴油燃料,并可代替 CD
	CF-2	用于高效控制气缸、表面胶合和沉积物的二冲程柴油发动机
	CF-4	用于高速、四冲程柴油发动机以及要求使用 API CF-4 级油的柴油机。特别适用于高速公路行驶的重负荷柴油货车。此种油品在机油消耗和活塞沉积物控制等方面的性能优于 CF,并可代替 CF、CD 和 CC
	CG-4	用于可在高速公路和非道路使用的高速四冲程柴油发动机,能够使用硫的质量分数小于 0.5% 的柴油燃料。此种油品可有效控制高温活塞沉积物、磨损、腐蚀、泡沫、烟炱的积累,并可代替 CF-4、CF、CD 和 CC
	CH-4	用于高速四冲程柴油发动机。能够使用硫的质量分数不大于 0.5% 的高硫柴油燃料。即使在不利的应用场合,此种油品可凭借其在磨损控制、高温稳定性和烟炱控制方面的特性有效地保持发动机的耐久性;对于非金属的腐蚀、氧化和不溶物的增稠、泡沫性,以及由于剪切所造成的黏度损失可提供最佳的保护,其性能优于 CG-4,并可代替 CG-4、CF-4、CF、CD 和 CC
	CI-4	用于高速四冲程柴油发动机。能够使用硫的质量分数不大于 0.5% 的高硫柴油燃料。此种油品在装有废气再循环装置的系统里使用可保持发动机的耐久性。对于腐蚀性和与烟炱有关的磨损倾向、活塞沉积物以及由于烟炱积累引起的黏温性变差、氧化增稠、机油消耗、泡沫性、密封材料的适应性降低和由于剪切造成的黏度损失可提供最佳的保护。其性能优于 CH-4,并可代替 CH-4、CG-4、CF-4、CF、CD 和 CC
	CJ-4	用于高速四冲程柴油发动机。能够使用硫的质量分数不大于 0.5% 的高硫柴油燃料。使用废气后处理系统的发动机如使用硫的质量分数大于 0.001 5% 的燃料,可能会影响废气后处理系统的耐久性和/或机油的换油期。此种油品在装有微粒过滤器的柴油发动机和其他后处理系统里使用可特别有效地保持排放控制系统的耐久性。对于催化剂中毒的控制、微粒过滤器的堵塞、发动机磨损、活塞沉积物、高低温稳定性、烟炱处理特性、氧化增稠、泡沫性和由于剪切造成的黏度损失可提供最佳的保护。其性能优于 CI-4,并可代替 C4、CH-4、CG-4、CF-4、CF、CD 和 CC
农用柴油机油	—	用于以单缸发动机为动力的三轮汽车(原三轮农用运输车)、手扶变形运输机、小型拖拉机,还可用于其他以单缸发动机为动力的小型农机具,如抽水机、发电机等,具有一定抗氧化、抗磨损性能和清净分散性能

② 黏度分类。每个特定的品种代号应附有按《内燃机油黏度分类》（GB/T 14906—1994）标准规定的黏度等级。GB/T 14906—1994 采用含字母 W 和不含字母 W 两组黏度等级系列。含字母 W 者以最大低温黏度、最高边界泵送温度和 100℃时的最小运动黏度划分为 0W、5W、10W、15W、20W、25W 六个级号；而不含字母 W 的仅以 100℃时的运动黏度划分，级号有五个：20、30、40、50、60。我国发动机油的黏度分类如表 7-4 所示。

表 7-4 我国发动机油的黏度分类（GB/T 14906—1994）

黏度等级	最大低温黏度		最高边界泵送温度/℃	100℃运动黏度 /（$mm^2 \cdot s^{-1}$）	
	黏度/（$MPa \cdot s^{-1}$）	温度/℃		最小	最大
0W	3250	−30	−35	3.8	
5W	3500	−25	−30	3.8	
10W	3500	−20	−25	4.1	
15W	4500	−15	−20	5.6	
20W	6000	−10	−15	5.6	
25W		−5	−10	9.3	
20				5.6	< 9.3
30				9.3	< 12.5
40				12.5	< 16.3
50				16.3	< 21.9
60				21.8	< 26.1

国产发动机油也有单级油和多级油之分。一个多级发动机油，其低温黏度和边界泵送温度满足黏度分类中一个 W 级的需要，并且 100℃运动黏度满足在黏度分类中的一个非 W 级分类规定的黏度范围，即含 W 的低温黏度级和 100℃运动黏度级，并且两个黏度级号之差至少等于 15，例如 10W/30 或 20W/40。

发动机油的命名和标记，应包括使用性能级别代号和黏度级别代号两部分。

例如，一个特定的汽油机产品可命名为 SE 30；一个特定的柴油机产品可命名为 CC10W/30；一个特定的汽油机/柴油机通用产品可命名为 SE/CC15W/40。

2. 发动机油的选择

主要依据发动机的结构特点、使用条件以及气候条件等选择发动机油的使用性能级别和黏度级别。

（1）使用性能级别的选择。根据发动机油工作条件的苛刻程度选择发动机油的使用性能级别。

发动机油工作条件的苛刻程度与发动机的结构及运行使用条件有关，发动机单位排量功率和活塞平均运动速度等指标可以表征发动机的结构紧凑性与强化程度。随着技术的进步，电喷发动机的结构更加紧凑，功率更加强劲，而发动机体积减小，发动机油的热负荷和机械负荷增加，即工作条件变得更为苛刻。因此，各型发动机对发动机油品种的要求差别很大，应严格按照使用说明书的规定及发动机工作条件选用合适的发动机油品种。

柴油机可按其强化程度来选用柴油机油。柴油机的强化程度，可用柴油机的强化系数来表示，强化系数越大，其热负荷和机械负荷就越大，发动机油的工作条件也就越苛刻，要求使用的柴油机油的级别也就越高。

具体选择发动机油使用性能级别应注意以下两点：

① 根据发动机制造商的推荐选油。汽车制造商在汽车出厂时，都会对其发动机润滑油的使用做严格的试验，并会在出厂说明书中推荐选用的发动机油，这是发动机油选用的首要依据。尤其是汽油发动机，因目前的车用汽油机结构紧凑、热负荷大，早期按压缩比选择发动机油的对应关系也变得没有科学的对应关系，因此，必须按发动机制造商推荐的油品等级选用发动机油。

② 根据发动机的机械负荷和热负荷选择发动机油。选择柴油机油的质量等级时，可按柴油机的强化系数来决定，强化系数的数值为发动机的平均有效压力、活塞平均速度及冲程系数的乘积。柴油机强化系数代表了柴油机的热负荷和机械负荷。如强化系数大于50的增压柴油机选用高质量的CD、CF、CF-4、CG-4、CH-4、CI-4、CJ-4级柴油机油。强化系数小于50的非增压柴油机选用CC级柴油机油。

（2）黏度级别的选择。确定发动机油的使用性能级别后，合理选用内燃机油的质量级别和黏度级别，对发动机的正常使用和寿命延长以及节省燃料极为重要。发动机油黏度主要是根据车辆使用地区的环境温度、发动机的工况和发动机的技术状况来区分的。

发动机油黏度的选择原则是要保证发动机低温易于起动，而热车后又能维持足够黏度，保证正常润滑。

考虑黏度：黏度过大的发动机油，会导致发动机运作阻力增大、燃料消耗增加，而且会使发动机低温起动困难；黏度过小的发动机油会引起发动机磨损增加、功率下降、燃料和润滑油消耗增加或其他润滑故障。

考虑发动机的工况：重载低速和高温下应选择黏度较大的发动机油；轻载高速应选择黏度较小的发动机油。

考虑发动机的技术状况：新发动机应选择黏度较小的发动机油；磨损严重的发动机应选择黏度较大的发动机油。

一般在寒冷地区冬季选用黏度小、倾点低的单级或多级发动机油，在寒区或严寒区为保证冬季顺利起动，应选用多级油，以保证车辆冬季顺利地冷起动，有效地供给到各润滑点。同时选用多级油品能够有效地节省燃油；夏季或全年气温高的地区选择黏度大些的发动机油，以保持足够的供给机油压力。发动机油黏度级别选择可参考表7-5。

表7-5 SAE黏度级别适用的气温

黏度等级	适用温度/℃	黏度等级	适用温度/℃
5W	−30~10	5W/30	−30~30
10W	−25~−5	10W/30	−25~30
20	−10~30	10W/40	−25~40
30	0~30	15W/40	−20~40
40	10~50	20W/40	−15~40

3. 发动机油的使用

（1）使用注意事项。

①在发动机油黏度等级的选择上，许多人有偏高的倾向，错误地认为高黏度有利于保证润滑及减少磨损。实际上并不是这样，高黏度的发动机油低温起动性和泵送性差，起动后供油慢，磨损大，摩擦功率损失大，燃料消耗增加。此外，还有油的循环速度慢、冷却和洗涤作用差的弊端，因此，应在保证活塞环密封良好、零件磨损正常的条件下，适当选用低黏度的发动机油。只有在发动机磨损严重或运行条件特别恶劣的情况下，允许使用比该地区气温所要求的黏度级高一级的发动机油。

②在选择发动机油的使用性能级别时，级别低的发动机油不能用在高性能的发动机上，以防润滑不足，造成磨损加剧；级别高的发动机油可以用在稍低性能的发动机上，但不可降级过多。

③保持正常油位，注意常检查。正常油位应位于油尺的满刻度标志和1/2刻度标志之间，不可过多或过少。

④不同牌号的发动机油不可混用，同一牌号但不同生产厂家的发动机油也尽量不要混用。

⑤保持空气滤清器和机油滤清器的清洁，并及时更换滤芯，保持发动机油的清洁。

⑥应进行在用油的质量监测，尽可能实行按质换油。换油时一定要在热车时进行，油温高，不仅容易从放油孔流出旧油，并且油中的劣化物被悬浮、分散，易和旧发动机油一起排出发动机。加入新油后应发动数分钟，停机 3min 后，再检查油面。在无分析手段，不能实行按质换油时，可实行定期换油。

（2）定期换油。

定期换油的方法是根据发动机的结构特性、运行条件和发动机油、燃料油的质量，由汽车制造厂或用户定时间或定里程更换发动机油。

（3）按质换油。

按质换油是指根据发动机油在实际使用中的质量变化，定期测定其理化指标的变化情况，然后根据标准规定的发动机油换油指标，适时地更换发动机油。

二、车辆齿轮油

1. 车辆齿轮油的分类

ISO 目前尚未发布车辆齿轮油的分类，但大部分国家采用美国 SAE 的车辆齿轮油黏度分类和 API 的车辆齿轮油使用性能分类。

（1）SAE 车辆齿轮油黏度分类。美国汽车工程师学会于 2005 年发布的车辆齿轮油黏度分类标准 SAE J306—2005 如表 7-6 所示。该分类的黏度等级有十一级、两组。与机油分类一致，车辆齿轮油的黏度也是分为两组。其中一组着重说明低温性能，以"W"表示，是冬用齿轮油，而另一组则表示 100℃ 的黏度，是夏用齿轮油。车辆齿轮油也有多级油，如 80W/90、85W/90 等。

表 7-6　SAE J306—2005 车辆齿轮油黏度分类标准

黏度等级	最高温度（低温黏度为 150Pa·s^{-1} 时）/℃	运动黏度（100℃）/（mm^2·s^{-1}）	
		最小	最大
70W	−55	4.1	
75W	−40	4.1	
80W	−26	7.0	
85W	−12	11.0	
80		7.0	11.0
85		11.0	13.5
90		13.5	18.5
110		18.5	24.0
140		24.0	32.5
190		32.5	41.0
250		41.0	

（2）API 车辆齿轮油使用性能分类。API 车辆齿轮油使用性能等级，根据工作条件的苛刻程度划分为 GL-1、GL-2、GL-3、GL-4、GL-5 和 GL-6 六级。API 齿轮油性能分类如表 7-7 所示。

表 7-7　API 车辆齿轮油性能分类

API 分类	用　　途
GL-1	纯矿物油，无极压添加剂，用于手动换挡变速器
GL-2	温和极压，可用于涡型齿轮
GL-3	温和极压，可用于直齿轮及螺旋锥齿轮（车轴及变速器）
GL-4	中度极压，相当于美国规格 MIL-L-2015，用于中等强度准双曲面齿轮
GL-5	高度极压，相当于美国规格 MIL-L-210B/C，用于全部偏轴锥齿轮驱动轴和一些手动换挡变速器
GL-6	用于极高速小型偏心齿轮，防划伤性能优于 GL-5 规格齿轮油，但由于评价实验程序的设备和程序已废止，商业应用价值大为减小

（3）我国车辆齿轮油的分类。2012 年我国发布了标准《车辆齿轮油分类》（GB/T 28767—2012）和《汽车齿轮润滑剂黏度分类》（GB/T 17477—2012）。车辆齿轮油使用性能分为三类：普通车辆齿轮油、中负荷车辆齿轮油和重负荷车辆齿轮油。它们与 API 使用分类的对应关系如表 7-8 所示。

表 7-8　我国车辆齿轮油分类与 API 使用分类的对应关系

我国油名	API 品种	特性和使用说明	使用部位
普通车辆齿轮油	GL-3	适用于中等速度和负荷比较苛刻的手动变速器和螺旋锥齿轮的驱动桥	手动变速器、螺旋锥齿轮的驱动桥
中负荷车辆齿轮油	GL-4	适用于在低速高转矩、高速低转矩下操作的各种齿轮，特别是客车和其他各种车辆的准双曲面齿轮	手动变速器、螺旋锥齿轮和使用条件不太苛刻的准双曲面齿轮的驱动桥
重负荷车辆齿轮油	GL-5	适用于在高速冲击负荷、高速低转矩和低速高转矩下操作的各种齿轮，特别是客车和其他各种车辆的准双曲面齿轮	操作条件缓和或苛刻的准双曲面齿轮及其他各种齿轮的驱动桥，也可用于手动变速器

2. 车辆齿轮油的选择与使用

选用的基础原则：根据齿轮类型和工作条件确定油品质量等级，根据最低使用环境温度和齿轮传动装置的运行最高温度来确定黏度级别（牌号）。

（1）使用性能级别的选择。车辆齿轮油使用性能级别的选择，主要根据齿面压力、滑动速度和油温等工作条件，即根据工作条件的苛刻程度。

工作条件的苛刻程度可用齿轮接触压力和滑动速度的乘积 Pv 值来量度。Pv 值与发热量成正比，是表示齿面烧结危险的主要标准。此外，压力和速度的变化剧烈也使工作条件恶化，电喷发动机轿车及部分载货汽车驱动桥准双曲面齿轮接触压力在 3 000MPa 以上，滑动速度超过 10m/s，油温高达 120℃~130℃，工作条件苛刻，如奥迪 V6、本田雅阁、上海别克、夏利电喷轿车等必须使用重负荷车辆齿轮油；国产东风 EQ1092、北京 BJ2020 等驱动桥也采用单级准双曲面齿轮，但其齿面接触压力在 300MPa 以下，滑动速度为 1.5~8m/s，使用条件不太苛刻，中负荷车辆齿轮油可满足其使用要求；解放 CA1091 采用普通螺旋锥齿轮驱动桥，可使用普通齿轮油。但不是所有采用螺旋锥齿轮驱动桥的车辆都需加这种普通齿轮油，许多进口载货汽车虽然也采用螺旋锥齿轮驱动桥，但其负荷较重，要求使用中负荷齿轮油。这类车辆曾因换用普通车辆齿轮油，造成齿轮早期磨损和损坏。

为减少同一辆车齿轮油的用油级别，在汽车各传动装置对齿轮油使用性能级别要求相差不大情况下，可选用使用性能级别最高的同一级别的齿轮油。

（2）黏度级别的选择。车辆齿轮油黏度级别的选择，主要根据最低气温齿轮运转速度、最高工作温度，并考虑车辆齿轮油换油周期较长的因素。

一般齿轮油倾点应低于使用环境最低温度 3℃~5℃。运转速度越高的齿轮要求黏度越低。工作时油温越高要求润滑油黏度越大，以保证油膜有一定厚度，不易破裂，但黏度过高会使齿轮咬合部位难以得到必要的润滑油量，因此选择黏度要适当。

汽车齿轮油黏度应满足：

① 在最低工作温度下的最大黏度能保证汽车不经预热可以顺利起步。

② 在运行的一般工况下齿轮油内摩擦消耗的功率不应使传动机构的有效功率明显下降。

③ 在最高工作温度下须保证齿轮正常润滑和允许的油耗。

车辆齿轮油的黏度应保证低温下的车辆起步，又能满足油温升高后的润滑要求。车辆齿轮油的低温表观黏度达 150Pa/s 时的最高温度决定其适用的最低温度。75W、80W 和 85W 号油的最低使用温度分别为：-40℃、-26℃和 -12℃。应对照当地冬季最低气温来选用。齿轮油的最高工作温度下的黏度要求不低于 $10~15mm^2/s$。一般区域，如长江流域及其他冬季气温不低于 -10℃的广大温区，可全年使用 90 号齿轮油；只有在天气特别热或负荷特别重的车辆上，如夏季气温达 40℃的南方炎热地区，宜选用 140 号或全年使用 85W/140 的齿轮油；长城以北及冬季气温不低于 -26℃的寒区，可全年使用 80W/90 号齿轮油；黑龙江、内蒙古、新疆等冬季最低气温在 -26℃以下的严寒地区，冬季应使用 75W 号齿轮油，夏季则换用 90 号单级齿轮油。

（3）车辆齿轮油的使用注意事项。

① 不能将使用级较低的车辆齿轮油用在要求较高的车辆上，但使用级较高的车辆齿轮油可以用在要求较低的车辆上，只是过多降级使用经济上不合算。

② 不要误认为高黏度的车辆齿轮油润滑性能好。使用黏度级别过高的齿轮油，将使燃料消耗及磨损显著增加，特别是对高速轿车影响较大，应尽可能使用合适的多级齿轮油。

③不同使用级别的车辆齿轮油不能混用，以免发生设备事故。

④加油量要适当。加油量过多会增加齿轮运转时的搅拌阻力，造成能量损失；加油量过少，会造成润滑不良，加速齿轮磨损。此外，应经常检查齿轮箱渗漏情况，保持各油封、衬垫完好。

⑤车辆齿轮油工作温度不算太高，使用寿命较长，消耗量较少，一般行驶 2 万~3 万 km 时才换油。如使用单级油，在换季维护换油时，放出的旧油如尚未达到换油指标，可在再次换油时使用，旧油应妥善保存，严防污染。

⑥应按规定的换油指标换油。无油质分析手段时，可按期换油。

三、液力传动油

1. 液力传动油的分类与牌号

（1）国外液力传动油的分类。国外液力传动油的规格多采用美国 ASTM 和 API 共同提出的 PTF（Power Transmission Fluid）使用分类，将 PTF 分为 PTF-1、PTF-2 和 PTF-3 三类，主要适用情况如下。

PTF-1 类油主要用于轿车、轻型货车。其特点是低温起动性好，对油的低温黏度及黏温性有很高的要求。典型的品种是美国通用汽车公司的 GM Dexron 或 GM Dexron Ⅱ（其前身叫 A 型油），后者低温黏度要求更严，氧化安定性及耐久试验条件也比前者苛刻。福特公司的 F 型油，现在的产品编号是 Ford M2C33E/F，F 型油静摩擦系数较大，不加油性剂。进口轿车推荐用 A 型油或 F 型油的，要区别选用。轿车、轻型货车用液力传动油的典型规格是美国通用汽车公司的 GM Dexron Ⅱ。

PTF-2 类油主要用于重负荷的液力传动系统。如重型货车、大型客车、越野车和工程机械的自动变速器，其特点是适于在重负荷下工作，对极压抗磨性要求很高。现在典型的品种是通用公司的阿里森 C-3（GM Allison C-3）。

PTF-3 类油是随着全液压拖拉机的发展而产生的，主要的功能是做传动、差速器和最后驱动齿轮的润滑，以及液压转向、制动、分动箱和悬架装置的工作介质。典型的品种有约翰·狄尔（John Deere）J-20A、福特 M2C41A、玛赛－费格森（Mqssey-Ferguson）M-1135。这类油的特点是适于在中低速下运转的拖拉机及野外作业的工程机械液力传动系统的齿轮箱中使用，其极压抗磨性和负荷承载能力比 PTF-2 类油的要求更高。

（2）国产液力传动油的品种、牌号。目前，我国液力传动油仅有两种企业规格，按 100℃ 运动黏度分为 8 号和 6 号，都是采用精制的基础油加入油性剂、抗磨剂、抗氧化剂、黏度指数改进剂和抗泡沫剂等。8 号液力传动油相当于国外 PTF-1 类油中的 GM Dexron Ⅱ规格，是主要用于轿车的液力传动油。6 号液力传动油相当于国外 PTF-2 类油，主要用于内燃机车、货车以及工程机械的液力传动系统。

2. 液力传动油的选择与使用及使用注意事项

（1）液力传动油的选择与使用。按车辆使用说明书的规定，选用适当品种的液力传动油。轿车和轻型货车应选用 8 号油，进口轿车要求用 GM-A 型、A-A 型或 Dexron 型自动变速器油的均可用 8 号油代替。重型货车、工程机械的液力传动系统则应选用 6 号油。

（2）液力传动油的使用注意事项。

①不同厂家同级别的液力传动油不可以混用。

②储存期限不得超过一年，常温下密封保存。

③按车辆使用说明书的规定更换液力传动油和过滤器，通常每行驶 10 000 km 应检查油面一次，每行驶 30 000 km 应更换油液。

任务三　汽车工作液

一、汽车制动液

1. 汽车制动液分类、品种

（1）国外汽车制动液。国外汽车制动液规格有三个系列：

①美国联邦机动车辆安全标准（FMVSS No.116）。具体是：DOT3、DOT4、DOT5。这是世界公认的通用标准。

②美国汽车工程师学会标准（SAE）。具体是 SAE J1703e、SAE J1703f 等。

③国际标准化组织（ISO）标准。具体规格是《道路车辆—非石油基制动液》（ISO 1925：1978），它是参照 FMVSS No.116 DOT-3 制定的，100℃的运动黏度不小于 $1.5mm^2/s$，平衡回流沸点不低于 205℃；湿平衡回流沸点不低于 140℃。

（2）国内汽车制动液的分类、品种。过去，我国根据制动液的组成和特性，将制动液大致分为矿油型、醇型和合成型三种。

GB 10830—1998《机动车制动液使用技术条件》强调制动液应是非矿物型的，而醇型制动液因沸点低、吸湿性大易产生气阻而被国家技术监督局宣布停止使用。所以，现在汽车使用的制动液主要是合成型制动液。合成型制动液是以有机溶剂中的醇、醚和脂为基础，再加入添加剂调制而成，是世界上目前广泛使用的汽车制动液。

为了规范制动液市场和产业的发展，2012年10月1日，我国实施与国际通用标准接轨的国家标准《机动车辆制动液》（GB 12981—2012），将制动液分为 HZY3、HZY4、HZY5、HZY6。分别对应国际标准 ISO 4925：2005 中 Class3、Class4、Class5.1、Class6；其中，HZY3、HZY4、HZY5 对应美国交通部制动液类型的 DOT3、DOT4、DOT5.1。

2. 汽车制动液的选择与使用

（1）制动液的选择。

①可以根据汽车使用说明书的规定选用制动液。一般情况下，微型、中低档汽车选用符合 HZY3 标准的制动液，中高档汽车选用 HZY4 标准的制动液。HZY5 标准的制动液主要用于军工方面，一般民用较少，适于沙漠等苛刻环境。

②合理选用国产制动液。使用国产制动液时，合成制动液适用于高速重负荷和制动频繁的轿

车和货车；醇型已被国家停用；矿油型制动液可在各种汽车上使用，但制动系统需换耐油橡胶件。

（2）制动液使用注意事项。

①制动液不能混用。各种制动液绝对不能混用，否则，会因分层而失去制动作用。

②保持清洁。加注或更换制动液时要注意清洁，制动液须经过过滤，不允许细微杂质混入制动系统。

③注意防潮。存放制动液的容器应当密封，防止水分混入和吸收水汽使沸点降低。

④定期更换。应定期更换制动液，由于醇型制动液有一定的吸水性，因此，在一般情况下，制动液两年或者行驶4万km必须强制性更换一次，以防制动液吸湿后影响制动性能。

⑤注意制动液的温度。在山区下坡连续使用液压制动，或在高温地区长期频繁制动时，制动蹄片温度可达350℃~400℃，使制动液温度随之升高达150℃~170℃，已超过一般合成制动液的潮湿沸点。因此，要注意检查制动液温度，以防因气阻发生交通事故。

⑥注意对制动系统的保护。为防止矿物油的混入，应使用合成型制动液的制动系统。使用矿物油制动液，制动系统应换用耐油橡胶件。

二、汽车发动机冷却液

1. 发动机冷却液的分类

水作为发动机冷却剂，存在着不可克服的缺点：低于0℃要结冰，会冻裂发动机；高于100℃要沸腾，则发动机无法工作。此外，水的腐蚀性较强，易结水垢等。因而以冷却液代替水已成为必然趋势。乙二醇型冷却液的冰点低、沸点高，其中加入防锈剂，对冷却系统常见金属腐蚀极小，对非金属材料（例如汽车涂料、橡胶等）没有侵蚀作用，是一种较为理想的冷却液，目前国内外发动机所使用的和市场上所出售的冷却液几乎都是乙二醇型冷却液。其基本构成是在软化水中按比例添加防冻剂乙二醇，配以适量的金属缓蚀剂、阻垢剂等添加剂进行科学调和，使发动机在冬天寒冷的时候不被冻坏，其次还有防腐、防锈、防沸、防水垢的功能。为了便于运输和储存，很多乙二醇型发动机冷却液商品制成浓缩液，乙二醇含量高达95%以上，水的含量在5%以下。

与乙二醇型冷却液相比，丙二醇冷却液在热传导、冰点防护及橡胶相容性方面的性能毫不逊色，而在抗腐蚀、毒性及生物降解方面则有着乙二醇型冷却液无法比拟的优势。丙二醇作为环保型冷却液最引人注目的是无水型丙二醇冷却液，其冰点低达-68℃，而沸点高达187℃，具有名副其实的抗沸、抗冻性能，具备重负荷冷却液的性能特征。

国外冷却液的标准有ASTM D3306、SAE J1304、MⅡ-A-461538和JIS K2234。我国于2010年发布了《乙二醇型和丙二醇型发动机冷却液》（NB/SH/T 0521—2010）标准。该标准所属产品适用于轻负荷或重负荷内燃发动机冷却系统，包括乙二醇型轻负荷和重负荷、丙二醇型轻负荷和重负荷发动机冷却液四种类型。轻负荷发动机一般用于轿车、轻型货车、有篷货车、体育运动用车和农用拖拉机、草坪维护机械；重负荷发动机一般用于道路货车和公交车、土石运输车、建筑用车、矿用非高速机械、高输出功率固定式发动机、牵引车和船舶。

每种类型又分为浓缩液和-25号、-30号、-35号、-40号、-45号、-50号六个不同牌号的冷却液。产品标志为：

| 牌号 | 乙二醇/丙二醇型 | 轻负荷/重负荷 | 发动机冷却液 |

例如，-25号乙二醇型重负荷发动机冷却液；-35号丙二醇型轻负荷发动机冷却液。
乙二醇型和丙二醇型发动机冷却液与冰点的对应关系如表7-9所示。

表7-9　乙二醇型和丙二醇型发动机冷却液与冰点的对应关系

规格	浓缩液	-25号	-30号	-35号	-40号	-45号	-50号
冰点不高于/℃	-37	-25	-30	-35	-40	-45	-50

2013年9月18日，我国发布了《机动车发动机冷却液》（GB 29743—2013）标准，于2014年5月1日开始实施。

2. 发动机冷却液的选择

汽车发动机冷却液产品质量的选择应以汽车制造厂家推荐为准。轿车与货车、汽油车与柴油车以及不同型号的同类汽车，发动机的技术特性、热负荷性、冷却系统的材料均有不同。正因为如此，目前国内外的汽车发动机冷却液配方很多，产品和性能指标和试验方法水平不一。所以，汽车发动机冷却液的选择要区分发动机的类型、性能的强化程度和冷却系统材料和种类，除了保证发动机冷却液能降温、防冻外，还要考虑防沸、防腐蚀和防水垢等问题。另外，要注意区别是浓缩还是已调好的发动机冷却液，是一级品还是合格品。对铝质散热器发动机来说，应特别注意冷却液对铝金属的防腐蚀性。

（1）根据环境温度条件选择冷却液的冰点。冷却液的冰点是冷却液最重要的指标之一，是冷却液能不能防冻的重要条件。一般情况下冷却液的冰点应选择低于当地最低气温5℃左右。

（2）根据车辆不同要求选择冷却液。一般情况下，进口车辆、国内引进生产车辆及高中档车辆应选用永久性冷却液（2~3年），普通车辆则可采用直接使用型的冷却液，夏季可采用软化水。

（3）一般应选用具有防锈、防腐及防垢功能的冷却液。冷却液最重要的是防锈蚀，所以宜选用加有防腐剂、缓蚀剂、防垢剂和清洗剂的产品，这样的话，质量才会有保证。

（4）选择与橡胶密封导管相匹配的冷却液。冷却液应对橡胶密封导管无溶胀和侵蚀等副作用。

（5）如果是浓缩液，应按产品说明书规定的比例加入蒸馏水或去离子水。

三、汽车空调制冷剂

1. 空调制冷剂的品种

汽车空调制冷剂最早广泛使用的是R12。R12属于氟利昂系的制冷剂，学名二氯二氟甲烷，分子式为CF_2Cl_2。其蒸发潜热大，易液化；在含水的场合，除了侵蚀镁和铝之外，不侵蚀其他金属；能溶化天然橡胶，但不侵蚀合成橡胶；在水中的溶解度极小，在循环中存在水分易结冰，需使用吸湿剂；无毒且不易燃烧，但遇火会产生有毒物质。

作为汽车空调制冷系统的制冷介质，R12具有制冷能力强、化学性质稳定、与冷冻机油相溶和安全等优点。但是，由于 R12 分子中含有氯原子，当其排放到大气中并升入大气同温层后，在太阳光的强烈照射下会分离出氯离子，氯离子与臭氧（O_3）层发生化学反应形成 CLO 和 O_2，从而导致大气臭氧层的破坏。大气臭氧层可以吸收太阳紫外线，若大量的紫外线直接照射到地球表面，将给人类和地球上其他生物造成严重的危害。

R12 对大气臭氧层有破坏作用，有使全球变暖的温室效应，因此它是 1987 年保护臭氧层的《蒙特利尔议定书》中的第一批禁用的工质。《蒙特利尔议定书》签订以来，世界各国，特别是工业发达国家对制冷工质替代做了大量工作。经过不断探索和实验，科研人员一致认为制冷剂 R134a 是汽车空调的首选替代工质。这主要是由于 R134a 不含氯原子，对臭氧层无破坏作用，温室效应影响小，其热力性质稳定并与 R12 相近。

2. 制冷剂的使用

由于 R134a 与 R12 性质有差异，所以若将 R134a 直接用在原来的汽车空调系统中会出现以下问题：

（1）原来制冷压缩机使用的润滑油与 R134a 几乎不相溶，因此在制冷循环过程中，从压缩机中流出的润滑油无法随制冷剂流回压缩机，将使压缩机润滑条件恶化而导致其使用寿命大大缩短。

（2）R134a 对原用的橡胶管与密封材料有极强的溶解与分离作用，必将导致制冷剂大量泄漏，使系统无法正常运转。

（3）干燥罐内的硅胶干燥剂易被 R134a 吸附，破坏其吸湿能力。

（4）当温度低于 17℃时，R134a 的饱和压力要比 R12 等略低。

因此，必须针对上述问题改进和更新原有设备和材料，方能正常有效地使用 R134a。具体措施如下：①压缩机的润滑油由原来的矿物油改为合成油，即聚烃乙二醇（PAG）。②连接系统各处的软管和用于密封的橡胶材料，皆由聚腈橡胶（HNBR）取代先前的丁腈橡胶；另外新型系统管件一般由特殊复合材料制成，其内壁有尼龙层，中间为聚丁腈橡胶，并进行强化处理，管件上有 R134a 专用标记。③更新干燥剂，目前选用的是细小孔径且不吸附 R134a 的合成泡沫沸石。④膨胀阀的流量特性及制冷剂的工作压力也要相应地改变。⑤压缩机排气压力相应增高，负荷相应增大，因而必须强化主轴、主轴承，加强缸壁特性并改善零件润滑，进排气阀也相应改用不锈钢材料。⑥由于 R134a 系统排气压力与压缩比量较 R12 高，要维持其系统效率与 R12 具有相同水平，必须相应提高换热器的效能，为此需采用平流式冷凝器和层流式蒸发器，以增大换热面积。

另外，要绝对避免 R12 与 R134a 混用。在使用制冷剂的汽车上，必须有醒目的标记，以此来提示制冷剂的类型。制冷剂加注口采用不同规格的螺纹。

任务四　汽车轮胎

一、轮胎的类型与特点

1. 有内胎的充气轮胎

有内胎的充气轮胎主要由外胎、内胎和垫带组成，如图 7-1 所示。

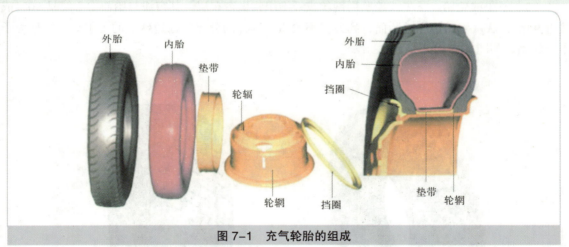

图 7-1　充气轮胎的组成

外胎是轮胎的主体，是用以保护内胎不受外来损害的强度高且富有弹性的外壳，直接与地面接触。它由胎面（包括胎冠和胎肩）、胎侧、胎体（包括缓冲层和帘布层）和胎圈组成，如图 7-2 所示。

胎冠也称行驶面，它与路面接触，直接承受冲击和磨损，并使轮胎对路面有很大的附着力，故胎冠应具有较高的弹性、弹力和耐磨性能。为增加轮胎的附着力，避免轮胎横向打滑，胎面制有各种花纹。

胎肩是较厚的胎冠与较薄的胎侧间的过渡部分，一般也制有各种花纹，以提高该部位的散热性能。

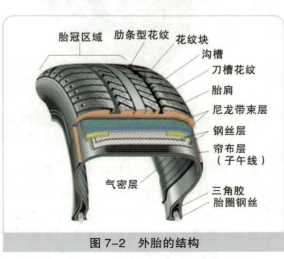

图 7-2　外胎的结构

胎侧是贴在胎体帘布层侧壁的薄橡胶层，主要作用是保护胎体侧壁帘布层免受损伤。

胎体是外胎的骨架，由帘布层和缓冲层组成，其作用是承受负荷，保持轮胎外缘尺寸和形状。帘布层用浸胶的棉线、人造丝、尼龙、聚酯纤维和钢丝等材料制成，在帘布层与胎面之间，还有用上述材料制成的缓冲层。

胎圈由钢丝圈、帘布层包边和胎圈包边组成。轮胎靠胎圈固装在轮辋上。

内胎是一个环形橡胶管，具有良好弹性，并能耐热，上面有气门嘴以便充入或排出空气。

垫带是一个环形橡胶带，安装在内胎与轮辋之间，用以防止内胎被轮辋及外胎的胎圈擦伤和磨损。

目前，普通斜交轮胎和子午线轮胎在汽车领域得到了广泛应用。下面主要介绍普通斜交轮胎和子午线轮胎。

（1）普通斜交轮胎。斜交轮胎帘布层和缓冲层各相邻层帘线交叉。帘线与胎面中心线约呈35°角，由一侧胎边穿过胎面到另一侧胎边，如图7-3（a）所示。

由这种斜置帘线组成的帘布层，通常有多层，它们交错叠合起来，成为胎体的基础。由于帘布层的斜交排列，给轮胎胎面和胎侧增加了强度。

（2）子午线轮胎。子午线轮胎用钢丝或纤维织物做帘布层。其帘线与胎面中心线呈90°或接近90°，从一侧胎边穿过胎面，到另一侧胎边。这样的分布就像地球上的子午线，故称为子午线轮胎，如图7-3（b）所示。

图7-3　轮胎的结构

（a）普通斜交轮胎；（b）子午线轮胎

由于子午线轮胎的帘线呈这样的环形排列，帘线的强度得到充分利用，故子午线轮胎帘布层数比斜交轮胎可减少40%~50%，胎体较柔软。帘线在圆周方向上只靠橡胶来联系，难以承担行驶时产生的切向力，所以子午线轮胎采用了若干层帘线与胎面中心线呈10°~20°、高强度、不易拉伸的周向环形的类似缓冲层的带束层，又称硬缓冲层或紧固层。

子午线轮胎与斜交轮胎相比，弹性大，耐磨性好（可提高轮胎的使用寿命），流动阻力小，附着性能好，缓冲性能好，承载能力大，不易穿刺。其缺点是：胎侧易裂口，制造技术要求高，成本高。

2. 无内胎充气轮胎

近年来在乘用车和一些货车上，无内胎充气轮胎的使用日渐广泛。它没有内胎，空气直接压入外胎中，因此要求外胎和轮辋之间有很好的密封性，如图7-4所示。

无内胎轮胎在外观上与有内胎轮胎近似，不同的是无内胎轮胎的外胎内壁上附加一层厚为2~3mm的橡胶气密层，当轮胎被刺穿后，气密层的橡胶处于压缩状态，使得轮胎不漏气或漏气很慢，因此，这种轮胎突出的优点是安全。

由于没有内胎以及内胎与轮辋之间的衬带，所以这就消除了内外胎之间的摩擦，并使热量容易从轮辋直接散出，故无内胎轮胎行驶时的温度较普通轮胎行驶时的温度低20℃~30℃，这有利于提高车速，且寿命比普通轮胎约长20%，并有结构简单、质量小的特点。

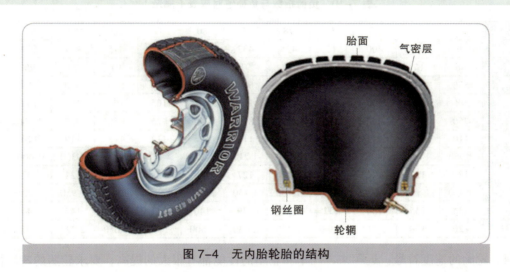

图7-4 无内胎轮胎的结构

二、轮胎的规格

由于轮胎断面轮廓不断演变和发展，传统标记方法已不能适应新的要求，2015年10月1日，我国实施了《轿车轮胎规格、尺寸、气压与负荷》（GB/T 2978—2015）标准，代替了旧标准。该标准规定了轿车轮胎用术语和定义、轮胎规格的表示方法、轮胎规格对应的尺寸、气压与负荷等，本规范适用于新的轿车充气轮胎。

（1）轮胎规格的表示方法。轿车轮胎是用轮胎规格标志、使用说明进行定义和表述的。

增强型应增加负荷识别标志"EXTRALOAD（或XL）"或"REINFORCED（或REINF）"。

T型临时使用的备用胎应增加规格附加标志"T"，例如T135/90D16。

最高速度超过240km/h的轮胎，结构类型代号可用"ZR"代替"R"。

（2）轮胎的高宽比（扁平率）：指轮胎断面高度除以断面宽度得到的百分数。目前国产子午线轮胎有80、75、70、65、60、55、50和45八个系列，数字分别表示轮胎断面高度（H）是断面宽度（B）的80%、75%、70%、65%、60%、55%、50%和45%。

（3）轮胎的负荷指数：指在一定行驶速度和相应充气压力时的最大载重量。国际标准将轮胎全部预计到的负荷量从小到大依次划分为280个等级负荷指数，每一个指数代表一级"轮胎负荷能力"，如表7-10所示。

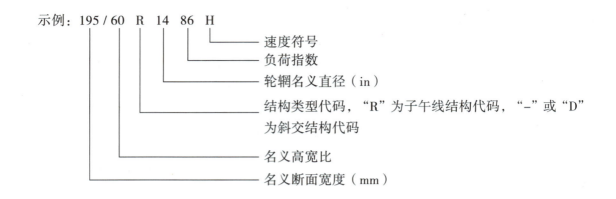

表 7-10　负荷指数与负荷值对应表（摘录）

负荷指数	…	75	76	77	78	79	80	81	82	83	84	85
负荷值 /kg	…	387	400	12	425	437	450	462	475	487	500	515
负荷指数	86	87	88	89	90	91	92	93	94	95	96	97
负荷值 /kg	530	545	560	580	600	615	630	650	670	690	710	730
负荷指数	98	99	100	101	102	103	104	105	106	107	108	109
负荷值 /kg	750	775	800	825	850	875	900	925	950	975	1 000	1 030
负荷指数	110	111	112	113	114	115	116	117	118	119	120	121
负荷值 /kg	1 060	1 090	1 120	1 150	1 180	1 215	1 250	1 285	1 320	1 360	1 400	1 450
负荷指数	122	123	124	125	126	127	128	129	130	131	132	133
负荷值 /kg	1 500	1 550	1 600	1 650	1 700	1 750	1 800	1 850	1 900	1 950	2 000	2 060
负荷指数	134	135	136	137	138	139	140	141	142	143	144	—
负荷值 /kg	120	180	2 240	2 300	2 360	2 430	2 500	575	2 650	2 725	2 900	—

（4）轮胎的速度符号：近年来，汽车和轮胎的性能都有很大的提高，要求轮胎的速度性能和汽车的最高行驶速度相匹配。为此，轮胎需标明其速度等级。国际标准化组织（ISO）制定了轮胎速度等级符号，每一个速度等级符号均有一个对应的最高行驶速度，如表 7-11 所示。

表 7-11　轮胎速度等级与最高行驶速度

速度等级	最高行驶速度 /（km·h^{-1}）	速度等级	最高行驶速度 /（km·h^{-1}）
C	60	P	150
D	65	Q	160
E	70	R	170
F	80	S	180
G	90	T	190
J	100	H	210
K	110	V	240
L	120	W	270
N	130	Y	300
M	140	—	—

三、常见轮胎品牌及性能

随着汽车的发展,轮胎越来越重要,特别是改装的流行进一步刺激了轮胎技术的发展。目前,轮胎的品牌繁多。下面对一些常见的轮胎品牌做简单的介绍。

1. 米其林(Michelin)轮胎

米其林集团有逾百年的历史,19世纪起源于法国,是子午线轮胎的发明者。米其林轮胎属于舒适性轮胎,舒适性接近马牌轮胎,抓地耐磨性一般。主要配套一些顶级品牌汽车的中端产品,如宝马5系,奔驰E级、C级。米其林轮胎比同样属于舒适性轮胎的马牌轮胎更适合中国的路况,这也是米其林集团在中国成功的原因。

2. 普利司通(Bridgestone)轮胎

日本普利司通公司是世界最大的轮胎及橡胶产品生产商,也是世界轮胎业三巨头之一。由于比其他厂商提前大约一年推出人造纤维帘线轮胎,普利斯通公司一下扩大了市场份额。除此之外,普利斯通公司进行了具有持久性能的强力轮胎的开发工作,推出了尼龙帘线轮胎、钢线子午线轮胎等世界通用的轮胎。目前,普利斯通公司在全球24个国家拥有生产基地,销量占世界总销量的1/4。

国产普利司通轮胎和国产邓禄普轮胎类似,属于比较中性的。普利司通轮胎现在也出现在高端车型上,如奥迪A8、奔驰S级等。

3. 固特异(Goodyear)轮胎

美国固特异轮胎橡胶公司始建于1898年。固特异轮胎目前的主要配套车型包括宝马5系、奥迪A6L、奥迪A4、奥迪Q7、荣威750等诸多中高档、豪华车型。目前,固特异公司已经全面领先国内中高端配套市场,辐射豪华轿车、高档轿车、中高档轿车和SUV等市场区间,成为国内外中高端汽车品牌选择配套轮胎最多的轮胎厂商。固特异轮胎属于典型的美国产品,抓地力仅次于倍耐力轮胎,噪声接近倍耐力轮胎,不耐磨。

4. 大陆(马牌)轮胎

德国马牌轮胎也称大陆轮胎,始创于19世纪。马牌轮胎以舒适静音著称,不耐磨,抓地力一般。马牌轮胎主要配套一些中级车型,如奥迪A4、A6,奔驰C级、E级及宝马3系;一些高档的SUV配套的马牌轮胎都是捷克制造的。如果追求舒适静音,对耐磨、运动、价格方面没有要求,马牌轮胎是个不错的选择。

5. 倍耐力(Pirelli)轮胎

倍耐力公司起源于19世纪后期,是最早的轮胎厂家之一,倍耐力轮胎属于运动型轮胎,抓地超强,非常强壮。不过倍耐力轮胎的噪声较大。目前已经国产化,配套比较多,都是高档车,如宝马 7 系、奥迪 A8 等。

6. 邓禄普（Dunlop）轮胎

邓禄普公司于 19 世纪后期起源于英国，邓禄普公司是世界上最先开发出充气轮胎的公司。国产邓禄普轮胎属于比较中性的轮胎。静音舒适性不如米其林轮胎和马牌轮胎，抓地力不如倍耐力轮胎，主要配套奥迪 A8、奔驰 S600、宝马 5 系、大众途锐等。国产邓禄普轮胎针对中国的情况，适当降低了部分小型号轮胎的定位，使其能够满足几乎全部车型的需求，是性价比最高的轮胎。

7. 横滨（优科豪马 Yokohama）轮胎

成立于 1917 年的横滨橡胶株式会社是世界橡胶行业三大巨头之一。2001 年横滨轮胎进入中国，在杭州、山东设立生产基地，在上海设有销售公司。横滨轮胎主要的特点就是硬度较高，耐磨性好，侧壁比较厚，使得轮胎侧壁在受到轻微刮蹭的时候不会轻易破损，1981 年至今一直被澳门格兰披治大赛会指定为赛事轮胎，日本所有汽车制造商以及保时捷等均使用横滨轮胎为标准轮胎。横滨轮胎价格较适中，国产横滨轮胎根据国内路况进行了优化设计，属于大众型轮胎。

8. 固铂（Cooper）轮胎

美国固铂轮胎是全球十大轮胎品牌之一，起源于 19 世纪初，能满足高性能轿车拥有者、越野痴迷者、赛车爱好者和摩托车钟爱者等各类顾客的不同需求。固铂轮胎不仅舒适性、操控性良好，而且耐磨、噪声小。固铂轮胎在国内没有进入整车配套领域，而是专注于替换市场，在商用车及赛车替换轮胎领域独领风骚，但在国内乘用车尤其是轿车市场尚缺乏品牌知名度。

9. 韩泰（Hankook）轮胎

韩泰轮胎是世界十大轮胎生产企业之一，目前向一汽奥迪、上海大众、一汽大众、上海通用、长安福特、广州本田、北京现代、东风日产等国内主流乘用车生产厂家供货，主要装配在 6 万 ~20 万元的车型上。其特点是价格便宜，性价比较高。

10. 锦湖（Kumho）轮胎

1960 年锦湖轮胎株式会社在韩国汉城（首尔）成立。1997 年南京轮胎厂与韩国锦湖集团合资兴建的大型专业轮胎厂竣工投产，经过十余年的发展，锦湖轮胎已经成长为中国最大的轮胎制造企业之一。锦湖轮胎的特点是胎质比较柔软，适合路况好的地段。锦湖轮胎价格较低，性能较为均衡，属于低端车轮胎。

11. 佳通（Giti Tires）轮胎

　　源自新加坡的佳通轮胎公司是一家拥有近半个世纪轮胎制造历史的公司，在 1993 年进入中国市场，迄今为止佳通轮胎公司在中国共有 5 个生产基地和 1 个研发中心，销售网络遍布全国。日产全系列多品种轮胎高达 10 万条，全面迎合乘用车、商用车、越野车在长中短途和各类路况下的不同需求。佳通轮胎实施多品牌战略，其麾下囊括了佳通、佳安、路得金、兰威、银轮、桦林、长城、登特路八个知名品牌。佳通轮胎的特点是：耐超载，抗暴性能好于国际知名品牌；性价比高，同等价位的品牌轮胎，佳通轮胎的耐磨性好；低廉的价格以及高耐磨性，使得佳通轮胎在国内的商用车领域优势明显，在公交车配套领域市场占有率高达 80%。但在乘用车市场，目前还仅限于一些低端车型使用，主要是高耐磨性牺牲了舒适性及静音性。

12. 百路驰（BF Goodrich）轮胎

　　出自美国的百路驰轮胎和固铂轮胎似乎是一个完全不相同但又能力互补的两个品牌。固铂公司出产的轮胎多数以场地速度赛车有关，而百路驰公司刚好相反，就像自己的名字那样，其轮胎能在百路驰骋，是越野及 SUV 的较好选择之一。轮胎是以越野车型为主，其中包括 Macadam T/A、Traction T/A SPEC、Long Trail T/A Tour 以公路为主的 SUV 轮胎，还有纯越野型的 All-Terrain T/A KO 和 Mud-Terrain T/A Km 轮胎。而生产的普通轿车的轮胎只有 Sport T/A 和 g-Force Sport 两种型号。

13. 风驰通（Firestone，旧译凡士通）轮胎

　　刚刚进入国内的风驰通轮胎就是很多年前被译作凡士通的美国著名轮胎品牌，又名火石轮胎。在美国市场主要为货车使用。风驰通公司的主打轮胎型号是火鹰（Firehawk）系列，它的多款轮胎用于多种性能车型的改装，其中 Firehawk INDY 500 型能让汽车轻松跑过 300km/h。而 Firestone FR 系列轮胎用于 SUV 及越野车。

14. 东洋轮胎（Toyo Tires）

　　东洋轮胎公司于 1945 年建立，东洋轮胎在我国市场可以说不温不火，不过原厂配备东洋轮胎的车型还不在少数，如上海通用景程和林荫大道、上海大众明锐、南汽名爵、北京现代伊兰特、中华骏捷、华晨宝马、一汽奥迪等几十款车型都有使用，范围之广不亚于韩泰轮胎。东洋轮胎不仅供应车型甚多，轮胎型号也是琳琅满目。入门级的当属 TOYO DRB，而 PROXES 级别是运动车型选配的性能级轮胎，像 PROXES R1R 这样的轮胎已经达到了半公路半赛车级别，性能表现极其出色。

四、轮胎使用注意事项

1. 保持轮胎气压正常

每辆车所匹配的轮胎都有对应的胎压，它的高低直接影响轮胎的性能，并在一定程度上影响油耗。一般车辆在前门的内侧都会有其前后轮胎的胎压值显示，这是需要经常核实的数值。过高或过低的胎压都会影响轮胎的使用寿命，但最重要的是影响抓地力。过高的胎压不仅会增加爆胎的危险，还会令轮胎的中部以凸出的形式接触地面，造成轮胎抓地面积减少，在紧急制动的时候无法提供足够的摩擦力来制动车辆。过低的胎压使轮胎两侧外沿接触地面，无法使整个胎面接触地面，在增加胎壁磨损的同时也无法提供足够的抓地面积，危险程度不亚于高胎压行车，并且经常磨损最薄的胎壁部分会直接导致轮胎的快速报废。

因此，要保持轮胎气压正常，以使每侧的前后轮胎面都完全接触地面，达到最佳抓地效果，同时还能减低震动，增加驾驶舒适感。

2. 防止轮胎超载

轮胎负荷对其寿命有重大影响。车辆超载时，轮胎损坏特点与气压低时类似，胎侧弯曲变形大。但超载时轮胎受力和变形状态比气压低时更恶化，因此轮胎的损坏就更加严重。超载时轮胎若碰撞到了障碍物，易造成爆胎。

因此，必须按车辆标定的容载量装货载客，不得超载。注意货物装载平衡，防止在车辆行驶时发生货物移动及倾斜。

3. 遵循合理搭配、正确拆装原则

（1）轮胎必须装配在规定规格的轮辋上。
（2）同一车轴应装配相同规格、花纹和层级的轮胎。
（3）普通斜交轮胎与子午线轮胎在同车上不能混用。
（4）轮胎花纹应根据道路条件选择，装配有方向花纹轮胎时，花纹"人"字尖端的指向要与汽车前进时轮胎旋转方向一致。
（5）换装新胎时，应尽量做到整车或同轴同换。
（6）为确保行车安全，翻新轮胎不能装在转向轮上。
（7）汽车所使用的轮胎应与最大设计车速相适应。

4. 精心驾驶车辆

节胎的操作要领是：起步平稳，加速均匀，中速行驶，选择路面，减速转向，少用制动。此外，夏季行车应增加停歇次数，以防轮胎过热和内压过高。严禁放气降压和泼冷水。

5. 做好日常维护

日常维护工作包括出车前、行车中和收车后的检视。主要检视轮胎气压是否符合规定；检查轮胎螺母有无松动；清理轮胎夹石和检查有无不正常的磨损和损伤，并及时消除不正常磨损和损伤因素。

6. 保持汽车技术状况良好

为延长轮胎的使用寿命，汽车维护中要特别注意下列事项：
（1）前轮前束和外倾角应符合标准。
（2）行车制动器调整良好，不拖滞。
（3）轮毂轴承的间隙调整适当。
（4）轮胎螺母紧固，车轮应平衡。
（5）钢板弹簧的挠度应尽量一致，前后轴平行。
（6）轮毂油封的液压制动轮缸无漏油现象。
（7）车轮总成的横向摆动量和径向圆跳动量应符合《机动车运行安全技术条件》(GB 7258—2012)的要求。

7. 强制维护，及时翻修

对轮胎的维护应与整车维护一样，贯彻预防为主、强制维护的原则。轮胎的维护分日常维护、一级维护和二级维护，轮胎维护的分级和周期与车辆维护相同。

由于负荷、驱动形式和道路的影响，汽车各轮胎磨损部位和磨损程度不同，为使全车轮胎磨损均匀，一般应按照规定的周期进行轮胎换位。

轮胎换位的基本方法有循环换位法和交叉换位法两种（图7-5）。一次更换轮胎的位置，不能使所有轮胎从轮胎的一侧换到另一侧的换位方法，称为循环换位法。仅一次更换轮胎的位置，便可实现所有轮胎从汽车的一侧完全换到另一侧的换位方法，称为交叉换位法。

子午线轮胎采用单边换位法，如图7-6所示。

进行轮胎换位应注意：第一，轮胎换位方法选定后，不再变动；第二，对有方向性花纹的轮胎，换位后不能改变轮胎旋转的方向；第三，轮胎换位后，应按规定重新调整轮胎气压。

轮胎在使用时，应注意掌握轮胎的磨损极限。轮胎花纹沟所剩深度约1.6mm位置设计有磨损指示标志，通常都在磨损标志对应的胎肩处标出"TWI"或者"△"。轮胎磨损至此标志时，就一定要更换。使用超过磨损指示标志的轮胎在湿地行驶是很危险的，因为排水性已经大大降低，从而严重影响湿地抓地力。

轮胎翻新是对胎面花纹磨耗达到极限尺寸、胎体尚好的轮胎进行翻新。货车轮胎花纹深度磨损剩2~3mm时，应停止使用，进行翻新或报废。我国《载重汽车翻新轮胎》(GB 7037—2007)对轮胎翻新质量作了规定。

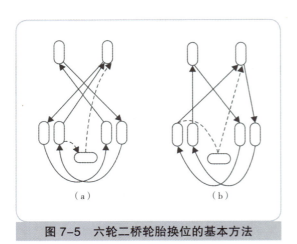

图 7-5 六轮二桥轮胎换位的基本方法

（a）循环换位法；（b）交叉换位法

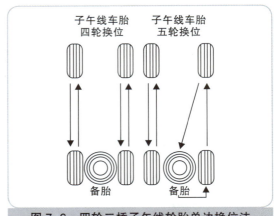

图 7-6 四轮二桥子午线轮胎单边换位法

8. 正确装运，妥善保管

装运轮胎时，不得与油类、易燃物、化学腐蚀品等混装，并用篷布遮盖，以免阳光照射或雨淋。长途运输必须竖立放置，内胎如无包装，需放在外胎内，并适量充气。

参 考 文 献

[1] 祖国海. 汽车维修基础[M]. 北京：中国劳动社会保障出版社，2019.

[2] 王新. 汽车维修钳工基础与操作[M]. 济南：山东人民出版社，2017.

[3] 黄仕利，柏令勇. 汽车维修基础（第3版）[M]. 北京：人民交通出版社，2019.

[4] 孙国君，张维军. 汽车检测与维修基础技能训练[M]. 北京：化学工业出版社，2018.

[5] 周德新. 汽车维修基础（第二版）[M]. 北京：人民交通出版社，2016.

[6] 闫军，张欢唱. 汽车机械维修基础[M]. 武汉：华中科技大学出版社，2018.

[7] 刘毅. 汽车维修技术基础[M]. 北京：人民交通出版社，2011.

[8] 庞志康，徐利琦. 汽车维修技能基础（第2版）[M]. 北京：机械工业出版社，2016.